CHENG CHUNG BOOK CO., LTD.

CHENG CHUNG BOOK CO., LTD.

CHENG CHUNG
BOOK CO., LTD.

CHENG CHUNG
BOOK CO., LTD.

新版 實用視聽華語

PRACTICAL AUDIO-VISUAL
CHINESE
2ND EDITION

5

主 編 者◆國立臺灣師範大學
編輯委員◆張仲敏・陳瑩漣・韓英華・錢進明
策 劃 者◆教育部

再版編輯要旨

　　本書原版《實用視聽華語》1、2、3冊，自1999年9月出版以來深受海內外好評，並廣被採用至今。

　　本書七年來使用期間，曾收到國內外華語教學界、各大學華語教學中心或華語文教師及學生對本書建設性的批評與建議。

　　適逢2003年美國大學委員會宣布AP(Advance Placement)華語測驗計畫——針對已在美國實行的第二語言教學考試，作了一次改革性的創舉，此項壯舉，影響了今後華語文教材編寫、師資培訓、教學方法及測驗等內容之改進，並在第二語言教學上建立了要實現的五大目標，即——Five C's：1.溝通(Communication)，2.文化(Cultures)，3.多元(Connection)，4.辨思(Comparisons)，5.實用(Communities)。

　　本書原為臺灣師範大學編輯委員會負責編寫，教育部出版發行，目前著手改編之理由：一是採納各方使用者之意見，修改不合時宜之內容。二是響應國際華語文教學趨勢，配合第二語言教學之五大目標進行修正。

　　本次再版修訂之內容及過程如下：

　　本教材在改編之前邀請教育部對外華語小組、原教材編輯者、華語文專家學者，商定改編計畫。對原書之課文內容、話題調整、詞彙用法及練習方式等相關各項問題，廣徵各方意見，並達成協議，進行大幅度變動與修改。

　　原版《實用視聽華語》1、2、3共三冊，再版後將原第1冊改為1、2兩冊；原第2冊改為3、4兩冊；原第3冊保持一冊，改為第5冊。新版《實用視聽華語》共分1、2、3、4、5五冊。每套教材包括課本、教師手冊、學生作業簿等三冊，每課均附有語音輔助教具。

　　新版《實用視聽華語》第1冊共十二課，重點在於教授學生的基本發音、語法及常用詞彙，以達到使用華語基本實用語言溝通的目的。本冊課文調整後之生字共314個，生詞449條，語法句型50則。

　　《實用視聽華語》第2冊共十三課，延續第1冊實際生活用語，並達到使用流利華語，表達生動自然的語用技巧。生字共303個，生詞481條，語法句型39則。

《實用視聽華語》第3冊共十四課，內容著重在校園活動和日常生活話題。生字共600個，生詞1195條，語法句型137則。每課加附不同形式之手寫短文。

《實用視聽華語》第4冊共十四課，延續介紹中華文化，包括社會、歷史、地理、人情世故。生字共625個，生詞1250條，語法配合情境介紹句型119則。每課加附手寫短文。

《實用視聽華語》第5冊共二十課，課文介紹中華文化之特質及風俗習慣；以短劇、敘述文及議論文等體裁為主，內容則以民俗文化、傳統戲劇、文字、醫藥、科技、環保、消費、休閒等配合時代潮流，以提高學生對目前各類話題討論的能力。本冊生詞667條，連結結構之句型91則。每課除課文外，另附有閱讀與探討、佳文欣賞及成語故事。

本書所有的生字與生詞及第1、2冊課文，拼音係採用1.國語注音；2.通用拼音；3.漢語拼音並列，以收廣為使用之效。

每冊教材所包括的內容大致如下：1.課文、對話；2.生字、生詞及用法；3.語法要點及句型練習；4.課室活動；5.短文；6.註釋。

本書第1、2冊由王淑美、盧翠英兩位老師負責改編工作；第3、4冊由范慧貞、劉咪咪兩位老師負責改編工作；第5冊由張仲敏、陳瑩漣兩位老師負責改編工作；英文由任友梅小姐工作群翻譯。並由林姿君小姐、陳雅雪老師、林容年老師及三位助理完成打字及整理全稿工作。插圖則由張欣怡小姐補充設定完成。

本書在完成修改稿後，曾邀請華語文專家學者進行審查，經過修訂後定稿。審查委員如下：陳純音教授、曾金金教授、陳俊光教授、陳浩然教授。

本書改版作業歷時半年有餘，在臺灣師大國語中心教材組陳立芬老師等工作人員之全力配合下得以完成，感謝所有盡心戮力參與編輯的作者及審核的委員，使這部修訂版《實用視聽華語》得以出版。各位教學者使用時，請不吝指教並匡正。

主編 葉德明
2007年3月

新版 實用視聽華語
PRACTICAL AUDIO-VISUAL CHINESE 2ND EDITION
5 CONTENTS

再版編輯要旨

第一課 LESSON 1	因小失大	1
第二課 LESSON 2	春節	15
第三課 LESSON 3	活到老學到老	29
第四課 LESSON 4	不經一事不長一智	43
第五課 LESSON 5	世界運動會	59
第六課 LESSON 6	休閒活動的新趨勢	73
第七課 LESSON 7	拒吸二手菸	87
第八課 LESSON 8	單親家庭	101
第九課 LESSON 9	青壯年的生活觀	115
第十課 LESSON 10	人人都是環保尖兵	131

第十一課 LESSON 11	強化體質	151
第十二課 LESSON 12	談素食	165
第十三課 LESSON 13	電子字典	179
第十四課 LESSON 14	消費市場的新客	193
第十五課 LESSON 15	新潮與保守	205
第十六課 LESSON 16	李天祿的掌中戲和茶藝	221
第十七課 LESSON 17	十二生肖	237
第十八課 LESSON 18	我寫「乾」你寫「干」	253
第十九課 LESSON 19	人滿為患	271
第二十課 LESSON 20	救濟與自立	283
INDEX I	生字索引	297
INDEX II	成語與俗語索引	323
INDEX III	句型索引	329

第一課　因小失大

劇中人：
　　王美英（英）：大約二十五歲
　　方正浩（浩）：王美英的男朋友

（一陣喇叭聲）

英：來了！來了！（忍耐[1]不住）你窮[2]按什麼喇叭嘛！這是住宅區[3]，很安靜的，不要製造噪音嘛！

浩：誰叫你動作慢，我等不及啊！

英：我也只不過慢了五分鐘而已。現在都不能等，那以後……

浩：美英，你別忘了，我在快遞[4]公司上班，特別講究效率[5]，平常只要慢一、兩分鐘，客戶就會抱怨的。

英：你今天又不上班！

浩：（看看美英的手）你怎麼沒戴我送你的手錶啊？

英：你還好意思問呢！說什麼名牌的手錶，結果啊，兩三天就故障[6]了。你看！

浩：故障了？不會吧？會不會是你不小心把它摔了？或碰到什麼東西了？

英：（氣憤[7]地）碰？摔？我看那種手錶不用摔，不用碰，只要三歲的小孩兒用力捏，就會捏碎[8]的。

浩：美英，我花那麼多錢買東西送給你，你不喜歡它就算

了,何必還諷刺[9]我!

英:我問你,正浩,那隻手錶在哪兒買的?

浩:我在地攤上買的。錶上是名牌標誌,又有保證書[10],我才買的。

英:那保證書上蓋了店章[11]沒有呢?

浩:啊!這一點我倒沒注意到。不過,它的價錢要比普通店裡面賣的便宜一點兒,所以我就……

英:所以你貪[12]它便宜一點兒,就買下了。

浩:是啊!「貨比三家不吃虧」嘛!

英:是嗎?我拿那隻錶到店裡修理的時候,錶店的老闆糗[13]了我一頓,說我貪小便宜買了一隻小破爛,修理起來得花一大筆錢。起初[14]我以為他故意不幫我修理,要讓我再買一隻新的。可是後來我連續[15]跑了三家,得到的答案都是一樣的。

浩:(有點兒愧疚[16])美英,對不起嘛!「上一次當,學一次乖」,下一次我再也不敢買地攤上的手錶了。

英:不光是手錶,其他的東西也是一樣的。比較便宜是沒錯,可是它們要不是仿冒品[17],就是有瑕疵[18]的。就為了便宜那麼一點點,買到一堆爛東西,不是得不償失嗎?

浩:哎呀,好啦!美英,你不要說這些大道理[19]了,好不好?

英:好吧!不過你得陪我到巷口那家新開的唱片行[20],買兩張歌星專輯[21]跟我賠罪[22]。

浩：（奇怪地）為什麼非要到唱片行不可？

英：免得買到盜版光碟呀！正版[23]跟盜版的差別[24]，有時不容易看出來，還是到店裡面買比較安心。何況在店裡買東西，可以索取[25]統一發票[26]，運氣好的話，還可能會中獎[27]呢！

浩：沒問題！噢！對了！難得一天的假期，我帶你到郊外去玩玩兒，不要讓手錶的事情，破壞了我們的興致[28]，好嗎？

英：好吧！不過最好找一個地方停車，否則車沒地方停，我們也不能下車去玩兒囉！

浩：好，好，一切聽你的。走吧！

這真的是勞力士手錶。
我們賣得很便宜，
只賣四萬元！
真棒！是名貴的。
先生，我跟你講啦，
你在別的地方買不到
這麼便宜的勞力士手錶。
三千元而已嘛。
這隻手錶比那家店的
價錢便宜得多了，
而且一模一樣。

第一課　因小失大

生詞　　New Vocabulary

1 忍耐 (rěnnài)

V/N: (a) to exercise patience; to be patient; to exercise selfrestraint
(b) patience; self-restraint

(1) 店員的態度太壞，顧客忍耐不住，跟她吵起來了。
(2) 有時候，忍耐是最好的辦法。

2 窮 (cyóng / qióng)　A: continuously or exhaustively

她已經回到家裡，不會來了，你不要窮等了。

3 住宅區 (jhùjháicyū / zhùzháiqū)　N: residential area

4 快遞 (kuàidì)　N: an express delivery

5 效率 (siàolyù / xiàolǜ)　N: efficiency

太舒適的環境並不能提高人的工作效率。

6 故障 (gùjhàng / gùzhàng)　V: malfunction

從大的機器到小小的鐘錶都一樣，故障以後就停住了。

7 氣憤 (cìfèn / qìfèn)　SV/A: to be furious; th be indignant

(1) 朋友對他不公平，讓他很氣憤。
(2) 他氣憤地大叫一聲。

8 碎 (suèi / suì)

V/SV: to break to pieces, smash; to be broken in pieces, smashed

(1) 汽車的車窗被小偷打碎了，裡面的音響都不見了。
(2) 滿地都是碎玻璃，走路要特別小心。

5

實用視聽華語 5
Practical Audio-Visual Chinese 5

9 諷刺 (fòngcìh / fèngcì)　V/SV: to mock, to satirize

(1) 諷刺別人的話通常都很誇張，會刺激人，讓人受不了。
(2)「不要亂丟垃圾」的牌子旁邊放了很多垃圾，讓人覺得很諷刺。

10 保證書 (bǎojhèngshū / bǎozhèngshū)　N: (written) warranty

11 蓋章 (gàijhāng / gàizhāng)　VO: to stamp one's seal or stamp

現在辦手續時非蓋章不可的情形比以前少，簽名也行。

12 貪 (tān)

V: to have an insatiable desire to do something, to hanker after something, to be tempted to do something

他為了貪一時的方便，在路邊停車，結果被開了一張罰單。

13 糗 (ciǒu / qiǔ)　V/SV: to be embarrassed

(1) 他的朋友常常拿他在捷運車站滑倒的事來糗他。
(2) 我到了學校才發現左右腳的襪子顏色不一樣，真糗！

14 起初 (cǐchū / qǐchū)　A: at first; in the beginning

他起初只是一個小職員，現在已經是個大老闆了。

15 連續 (liánsyù / liánxù)　A: in succession, one after another

這支足球隊已經連續得了三次世界冠軍，實力很強。

16 愧疚 (kuèijiòu / kuìjiù)

SV/AT: to suffer from a guilty conscience; to feel a sense of guilt; to feel pangs of shame

(1) 做了對不起家人的事，讓他覺得很愧疚。
(2) 愧疚心理使他內心很不安。

17 仿冒品 (fǎngmàopǐn)

N: reproduction of a name brand product, imitation or a popular product, a fake

仿冒品就是模仿名牌或是冒用名牌標誌的商品。

18 瑕疵 (siácīh / xiácī)　　N: a defect, a flaw

商品的外表或是使用上有缺點，都算是瑕疵。

19 大道理 (dàdàolǐ)

N: a persuasive argument, a high-sounding statement, a lecture

現在他最需要的是生活上的幫助，而不是聽你講一些大道理。

20 唱片行 (chàngpiànháng)　　N: Shops that carry music CDs

21 專輯 (jhuānjí / zhuānjí)　　N: album

這個名歌星所出的每一張專輯都有他唱紅的歌。

22 賠罪 (péizuèi / péizuì)　　VO: to apologize

口頭上道歉或是送個小禮物都是賠罪的方式。

23 正版 (jhèngbǎn / zhèngbǎn)　　AT/N: edition with copyright

(1) 因為有版權，所以正版書或正版光碟通常比較貴。
(2) 出版公司正式出版的版本就是正版，和盜版不同。

24 差別 (chābié)　　N: a difference, a disparity

仿冒品跟真品的差別，你看得出來嗎？

25 索取 (suǒcyǔ / suǒqǔ)　　V: to ask for

這場表演是免費的，顧客可以到便利商店索取入場券。

26 統一發票 (tǒngyīfāpiào)　　N: uniform invoice

27. 中獎 (jhòngjiǎng / zhòngjiǎng)　　VO: to win a lottery; to win a drawing

統一發票每兩個月對獎一次，每個人都希望能夠中獎。

28. 興致 (sìngjhìh / xìngzhì)　　N: spirits; mod to enjoy

一提到棒球明星的簽名球，他的興致就很高，談個不停。

成語與俗語　Proverbs and Common Sayings

1. 因小失大 (yīnsiǎo-shīhdà / yīnxiǎo-shīdà)

   To lose big opportunity or gain because of a small consideration. To be penny-wise but pound-foolish.

   只為了快一、兩分鐘到達目的地，不小心把車子撞壞了，真是因小失大。

2. 貨比三家不吃虧

   (huò-bǐ-sān-jiā-bù-chīhkuēi / huò-bǐ-sānjiā-bù-chīkuī)

   Compare before buying something; shop around before making a purchase

   你現在別買，到別家看看再說，貨比三家不吃虧嘛！

3. 上一次當學一次乖 (shàng-yí-cìh-dàng-syué-yí-cìh-guāi / shàng-yí-cì-dàng-xué-yí-cì-guāi)

   Take this as a lesson for next time; learn from a mistake

   被騙過一次以後，人就學聰明了，這就叫「上一次當學一次乖」。

4. 得不償失 (dé-bù-cháng-shīh / dé-bù-cháng-shī)

   The loss outweighs the gain; not worth the effort or price

   貪便宜買到假貨，真是得不償失。

第一課　因小失大

句型　　Sentence Patterns

1. 只不過……而已
   to only be, to just be (i.e., to only cost ......, to just be asking ......)

   (1) 這隻手錶只不過五百元而已，真便宜。
   (2) 他只不過跟你開玩笑而已，並不是諷刺你。
   (3) 今天只不過熱一點而已，濕度並不高。

2. ……不用……，只要……就……了
   ...... don't need to ......, only need to ...... then ...... it will be (enough, satisfactory)

   (1) 你不用來等我，只要告訴我是哪棟大樓就可以了。
   (2) 你現在不用說，只要到時候提醒我就好了。
   (3) 你不用多解釋，只要跟他賠個罪就行了。

3. ……就算了，何必還……
   ...... then that's fine, there is no need to still ......

   (1) 你不買就算了，何必還說送給你也不要？
   (2) 你不做就算了，何必還跟老闆吵架？
   (3) 你不想吃就算了，何必還扔掉？

4. 不光是……，其他……
   It is not just ......, there are other(s) ......;
   It is not only ......, there are other(s) ......

   (1) 這句成語比較難，不光是你，其他的同學也不懂。
   (2) 不光是交通問題，其他的生活問題也還沒解決呢！
   (3) 不光是我贊成，其他的人也同意。

5. 何況
   besides; furthermore

   (1) 這個皮包的品質不太好，何況標誌也不大一樣，怎麼可能是名牌？

9

(2) 他一直都對你很好，何況他已經跟你賠罪了，你就原諒他吧！
(3) 真玉跟假玉的差別，大人都看不出來，何況是小孩子？

問題討論　Questions for Discussion

1. 方正浩怎麼會在地攤買錶？
2. 王美英對買東西的看法跟方正浩有什麼不同？
3. 你買東西喜歡買便宜貨嗎？為什麼？
4. 你索取過統一發票嗎？中獎了沒有？
5. 上過當的人都會學乖嗎？

練習　Exercises

配字　Match Words or Phrases with Similar Meanings（意思相同的連起來）

1. 住宅區　　　　　　A. 冒牌貨
2. 保證書　　　　　　B. 被騙一次得一次經驗
3. 連續　　　　　　　C. 譏笑
4. 上一次當學一次乖　D. 擔保書
5. 窮按　　　　　　　E. 一連
6. 瑕疵　　　　　　　F. 毛病
7. 諷刺　　　　　　　G. 得到作者同意出版
8. 糗了我一頓　　　　H. 沒有商店的地區
9. 正版　　　　　　　I. 按個不停
10. 仿冒品　　　　　　J. 說得我好沒面子

接句　Complete the Sentences

例：你不說我倒忘了，（你一說我就想起來了）。

第一課　因小失大

1. 誰叫你動作慢，我_____。

2. 現在都不能等，那結婚以後_____？

3. 這是住宅區，_____。

4. 不喜歡就算了，何必_____。

5. 錶是名牌，所以_____。

6. 這破錶，三歲小孩兒用力捏，_____。

7. 不光是手錶，其他的_____。

8. 買到一堆爛東西，不是_____嗎？

9. 好吧！可是你得_____。

10. 不要讓這件事，破壞了_____。

▼ 分辨詞義　Differentiate the Meanings of the Following（選合適的填入）

繼續　　小便宜　　興致　　來不及
連續　　貪便宜　　興趣　　等不及

1. 飛機再半個鐘頭就要起飛了，再遲就_____登機了。
   由於有急事，她朋友還沒來接，她已經_____先走了。

2. 有些人買菜的時候，喜歡_____，買回一堆不新鮮的菜。
   千萬別接受別人給的_____，可能他要利用你。

3. 這個歌星_____出了三年的專輯，沒有停過。
   他學太極拳學了一年就停止了，後來又_____學了一年。

4. 她正想去逛街，忽然又刮風又下雨，害得她一點_____也沒有了。
   小張對歌星演唱會的海報很有_____，買了很多張，貼在房間裡。

▼ 擴大應用語功能　Expand Your Vocabulary

例：我也只不過慢了五分鐘而已。
　　→我只慢了五分鐘罷了。
　　→<u>我才慢了五分鐘</u>。

11

1. 不喜歡它就算了嘛，何必還諷刺我！
   →不喜歡它就別要嘛，何必還說氣人的話！
   →_____！

2. 這一點我倒沒有注意到。
   →這方面我倒沒留意到。
   →_____。

3. 得到的答案都是一樣的。
   →他們的回答一模一樣。
   →_____。

4. 不是得不償失嗎？
   →不是白花了錢了嗎？
   →_____？

5. 一切聽你的。
   →按照你的意思做。
   →_____。

閱讀與探討　　Read and Discuss

成語故事：螳螂捕蟬，黃雀在後

　　春秋時代，吳王本來要去攻打楚國，還說誰勸他誰就得死。

　　有個人，想要勸吳王又不敢，就連續三天早上拿著彈弓到庭院裡，衣服都被露水弄濕了。吳王覺得很奇怪，問他為什麼要這樣做。

　　他說：「我看見一隻蟬站在高高的樹枝上，一面吸著露水，一面大聲唱著歌。牠覺得很舒服，很安全，卻不知道後面有隻螳螂，正準備向牠撲去。而螳螂只注意前面的蟬，也不知道牠的後面有隻黃雀，正準備啄牠。黃雀張著嘴，一點兒也不知道我在樹下想把他射下來。」

　　吳王聽了這段話以後，馬上宣告不打仗了。

問答：
1. 吳王為什麼不打仗了？
2. 這個故事跟本課課文有什麼關係？

第二課 春節

　　在華人世界，最重要的節日就是「過年」，也就是「春節」。春節的重要性跟西方的聖誕節相當，可是風俗習慣完全不同。春節的正式活動雖然是從臘月[1]二十三到正月[2]十七，其實臘月一開始，大街小巷就充滿了過年的氣氛。這種歡樂的氣氛會持續[3]一個半月之久。

　　有些人也許會覺得奇怪，什麼是「臘月」呢？「臘」是古代祭祀[4]的儀式[5]，因為用肉類來祭祖，所以叫「臘」祭；又由於臘祭在陰曆[6]十二月舉行，所以那個月就叫「臘月」。至於「正月」，就是陰曆的第一個月；正月的第一天，春天開始，所以又叫「春節」。

　　臘月二十三這天，傳說[7]是灶神[8]升天[9]的日子，也叫做「過小年」。大家除了把廚房打掃乾淨以外，還得請灶神吃糖，這樣祂向天帝報告的時候，就都會說好話，而讓一家人一年都順利平安。過了這天以後，家家就忙著打掃、整理內外、辦年貨等，積極[10]準備過年。

　　關於過年，也有一個傳說。「年」這個字，古代是指一個兇惡[11]的怪獸[12]，平常住在深山裡，每年到了除夕晚上就下山，到處傷人。有人發現牠怕紅色，遇見有紅色大門的人家，就過門不入。於是大家在門上貼紅紙，叫「春聯[13]」；躲在屋裡一夜不敢睡覺，叫「守歲[14]」。深夜十二點以後，

家家戶戶接二連三放鞭炮來嚇走「年」。天一亮就是正月初一，凡是跟別人見面的人，都互相說「恭喜」，意思是還好大家都沒被「年」傷到。

「除夕」有除去舊年迎接[15]新年的意思。這天大家忙著貼春聯、祭祖、放鞭炮，到了晚上，一家人團圓[16]，一起吃年夜飯。飯後，孩子向長輩拜年[17]，領壓歲錢[18]。接近午夜[19]的時候，就吃長得像元寶[20]的餃子，討個吉利[21]，然後守歲。正月初一就是新年，大家穿上新衣，互相拜年。在春節期間，一定要多說吉利話，不可罵人；萬一打破了東西，就馬上說「歲歲（碎碎）平安」。

春節最後一個歡樂的高潮[22]是正月十五的「元宵節[23]」。這天到處張燈結綵，玩花燈[24]、猜燈謎[25]、吃元宵（湯圓[26]），十分熱鬧。1978年起，政府把這個能發揚[27]中華文化的日子定為觀光節。到了1992年，又開始舉辦「臺北燈會」，每年都舉行點燈儀式、猜燈謎晚會，配合各式花燈，以及民間傳統小吃、民俗表演，吸引國內外的觀光客。一直到元宵節過後幾天，春節的活動才完全結束。

由於受到西方的影響，最近大家也開始熱烈慶祝陽曆一月一日的「元旦[28]」了。但無論如何，春節在華人心中還是最重要的節日。

第二課　春節

生詞 / New Vocabulary

1. 臘月 (làyuè)　　N: the twelfth month of the Chinese Lunar year

2. 正月 (jhēngyuè / zhēngyuè)　　N: the first month of the Chinese lunar year

3. 持續 (chíhsyù / chíxù)　　A: continuous, incesssant, uninterrupted

   持續下了十天的雨，大家都希望能趕快轉晴。

4. 祭祀 (jìsìh / jìsì)

   V: to worship; to honor by a service or rite; to offer sacrifices

   過年過節祭祀祖先是華人的傳統。

5. 儀式 (yíshìh / yíshì)　　N: a ceremony, a rite

   現在的結婚儀式越來越簡單了。

6. 陰曆 (yīnlì)

   N: the Chinese lunar calendar; a calendar based on the cycles of the moon

7. 傳說 (chuánshuō)　　V/N: a legend

   (1) 傳說人吃了這種藥以後就可以長生不老。
   (2) 每個民族都有人類起源的傳說。

8. 灶神 (Zàoshén)　　N: the Kitchen God, the God of the Kitchen

9. 升天 (shēngtiān)　　V: to ascendic heaven; to transmigrate; to die

   以前的人相信，好人死了以後會升天做神仙。

10. 積極 (jījí)　　SV/A: (a) to be positive (b) energetic, active, vigorous

第二課　春節

(1) 他對工作的態度很積極。
(2) 人總是積極地表現自己最好的一面。

11 兇惡 (syōngè / xiōngè)　SV/AT: to be wicked; evil; savage; inalignant

他夢見一隻兇惡的野獸正要咬他，把他嚇醒了。

12 怪獸 (guàishòu)　N: a legendary animal; a monster

13 春聯 (chūnlián)

N: The New Year's couplets written on strips of red paper and pasted on door frames. These couplets usually contain words of luck.

14 守歲 (shǒusuèi / shǒusuì)

VO: to see the old year out and to welcome the new year in by staying up on the night of Chinese New Year's Eve

除夕大家都在守歲，可是小孩子守著守著都睡著了。

15 迎接 (yíngjiē)　V: to meet; to greet

迎接新年到來，第一件要做的事，就是放鞭炮。

16 團圓 (tuányuán)　V: to be reunited. (of family, etc.)

由於戰爭的關係，他們一家人分散了好幾年，現在終於團圓了。

17 拜年 (bàinián)

VO: to pay a respectful call on relatives or friends on New Year's Day and offer New Year's greeting

從前過年時要到親戚、朋友家拜年。親戚朋友也要回拜，很麻煩，現在流行用電話拜年，方便多了。

18 壓歲錢 (yāsuèicián / yāsuìqián)

N: cash given in red paper envelopes to children by their elders on the eve of the Chinese New Year

19

實用視聽華語 5
Practical Audio-Visual Chinese

19 午夜 (wǔyè)　　N: midnight

白天十二點是中午，夜裡十二點就是午夜了。

20 元寶 (yuánbǎo)

N: a type of dumpling made in a shape reminiscent of the silver and gold ingots once used as money in ancient China

21 吉利 (jílì)　　SV/AT: to be lucky, auspicious, propitions

(1) 西方人認為「七」這個數字很吉利。
(2) 過年時大家都會說「恭喜發財」這一類吉利話。

22 高潮 (gāocháo)　　N: the climax; the upsurge

這本小說沒有高潮，太平淡了。

23 元宵節 (Yuánsiāojié / Yuánxiāojié)　　N: The Lantern Festival

24 花燈 (huādēng)

N: fancy lanterns (usually made of paper) made especially for the Lantern Festival.

元宵節一定要吃湯圓看花燈。

25 燈謎 (dēngmí)

N: riddles which are written on lanterns (used in contests in which prizes are often offered)

每年我都參加猜燈謎大會，但從來沒得過獎。

26 湯圓 (tāngyuán)

N: balls made of glutinous- rice flour (often filled with a sweet paste)

27 發揚 (fāyáng)　　V: to enhance; to add glory to

我們希望現代人能發揚傳統文化的精神。

28 元旦 (yuándàn)　　N: Chinese New Year's day

成語與俗語　Proverbs and Common Sayings

1. **大街小巷** (dàjiē-siǎosiàng / dàjiē-xiǎoxiàng)
   in every street and alley, all over the city
   這幾天大街小巷都有人放鞭炮。

2. **家家戶戶** (jiājiā-hùhù)
   every family and household
   過年時，家家戶戶都要吃年糕。

3. **接二連三** (jiē'èr-liánsān)
   continuously, one after another, repeatedly
   這家工廠接二連三發生了幾次意外。

4. **歲歲（碎碎）平安** (suèisuèi-píng'ān / suìsuì-píng'ān)
   a play on words (a pun) which literally means "smashed safe and sound" but can also be heard to mean "safe and sound year after year"
   過年時，打破了任何東西都要趕緊說「歲歲（碎碎）平安。」

5. **張燈結綵** (jhāngdēng-jiécǎi / zhāngdēng-jiécǎi)
   to be decorated with lanterns and colored hangings (for a joyous occasion)
   辦喜事的人家張燈結綵，喜洋洋。

句型　Sentence Patterns

1. 跟……相當
   to be equal to

   (1) 一般來說，太太的年紀都跟先生相當。

(2) 在西方的傳說中，龍跟怪獸相當。
(3) 有些人每年花在旅遊上的錢跟薪水相當。

2. 至於
   as to; to go so far as to

   (1)「年糕」代表年年高升，至於「發糕」，代表發展或發財。
   (2) 陽曆每個月有三十天或三十一天，至於陰曆，只有二十九天或三十天。
   (3) 我只知道這個宗教常舉行祭祀儀式，至於祭拜什麼神，我就不清楚了。

3. 凡是……都……
   every ...... (all) ......;
   all ...... are (all) ......;
   any ...... (all) ......

   (1) 凡是到過歐洲旅遊的人都讚美歐洲的風景。
   (2) 凡是文學家介紹的書都值得一讀。
   (3) 凡是有環保觀念的人都會做垃圾分類。

4. 把……定為
   ...... to set ...... as the date for ......
   ...... to appoint ...... as the time for ......

   (1) 政府把孔子的生日定為教師節。
   (2) 大學把學期的最後一個禮拜定為期末考週。
   (3) 父母把每月的第一個禮拜六定為全家出遊的日子。

問題討論　Questions for Discussion

1. 臘月二十三為什麼叫「過小年」？
2. 年獸的傳說跟春節的習俗有什麼關係？
3. 從「元宵節」到「觀光節」、「臺北燈會」，慶祝的方式有什麼改變？
4. 春節跟元旦不同的地方在哪裡？
5. 貴國人民怎麼慶祝新年？

練習　Exercises

解釋下列詞語　Define the Following Terms

1. 元旦：
2. 守歲：
3. 壓歲錢：
4. 升天：
5. 怪獸：

選同音的字，畫一條線　Select and Underline the Character with the Same Pronunciation

1. 臘：獵　辣　拉　那
2. 祭：記　登　其　器
3. 升：省　生　盛　森
4. 淨：掙　景　境　經
5. 兄：雄　亞　比　兄
6. 鞭：邊　便　遍　變
7. 宵：笑　小　消　稍
8. 嚇：下　黑　赤　之

填空　Fill in the Blanks（請依照課文內容）

1. 臘是 ＿＿＿＿＿ 的意思。陰曆 ＿＿＿＿＿ 月舉行，所以叫臘月。

2. 正月是陰曆的第 ＿＿＿＿＿ 個月，正月的第一天春天開始，所以又叫 ＿＿＿＿＿ 。

3. 臘月 ＿＿＿＿＿ 傳說是 ＿＿＿＿＿ 升天的日子。

4. ＿＿＿＿＿ 是指一年的最後一天，忙著 ＿＿＿＿＿ 春聯，＿＿＿＿＿ 祖，放 ＿＿＿＿＿ ，吃 ＿＿＿＿＿ 。

5. 春節期間多說 ＿＿＿＿＿ 話。如果打破了東西馬上說 ＿＿＿＿＿ 。

6. 正月十五是 ＿＿＿＿＿ 。大家猜 ＿＿＿＿＿ ，吃 ＿＿＿＿＿ 。政府已經把這個日子定為 ＿＿＿＿＿ 節了。

選擇相似的詞語 Select the Word with a Similar Meaning

1. 持續：_____　　a. 連續　b. 斷斷續續　c. 維持
2. 正月：_____　　a. 元月　b. 當月　c. 臘月
3. 陰曆：_____　　a. 陽曆　b. 農曆　c. 月曆
4. 除夕：_____　　a. 新年　b. 元旦　c. 年三十
5. 團圓：_____　　a. 團員　b. 團聚　c. 圓圈
6. 守歲：_____　　a. 守門　b. 守夜　c. 除夕不睡

閱讀與探討　　Read and Discuss

春聯與燈謎
一、春聯
　　每年的除夕，很多人家在大門上貼春聯，內容多半是吉利的，或是勉勵子孫的文字，例如：
1. 花開春富貴　竹報歲平安
2. 天增歲月人增壽　春滿乾坤福滿門
3. 爆竹二三聲人間易歲　梅花四五點天下皆春
4. 惜食惜衣非為惜財因惜福
　　求名求利但須求己莫求人
5. 言易招尤　對朋友少說幾句
　　書能益智　勸兒孫多讀數行

問答：
1. 你覺得上聯跟下聯有什麼關係？
2. 你還看過什麼春聯？

二、燈謎

　　元宵節也叫燈節，農曆正月十五，有人在各種燈上貼上謎語，請大家猜。下面的謎語，請大家猜猜看。

1. 一片一片又一片，飄到水裡都不見。（猜一自然物）
2. 一家有四口，還有一隻狗。（猜一字）
3. 一點一橫長，一撇到南洋，十字對十字，月亮對太陽。
   （猜一字）
4. 有翅不能飛，無足走千里。（猜一動物）
5. 黃金布，包銀條，身體彎彎兩頭翹。（猜一水果）
6. 圓圓的像西瓜，大家來搶它，搶到手卻打它丟它。
   （猜一運動用品）

問答：

1. 你是怎麼猜出來的？
2. 你能自己造個謎語讓大家猜嗎？

佳文欣賞

年夜飯

子敏

　　每年除夕，家家都要吃一頓年夜飯。準備的菜，總是那麼豐盛，足夠擺滿一桌。

　　往年，我家也是一樣，人人對那一頓豐盛的年夜飯，都有濃濃的興趣。記得去年，我就是第一個對孩子們的媽媽預訂菜碼的人。

　　我說：「有兩道菜我是一定要的。第一，是豌豆仁兒炒蝦仁。這是我最愛吃的。年夜飯吃不到這一道菜，就像缺少了甚麼似的。第二，是一大碗清燉雞湯。雞肉要細嫩一點兒的，我喜歡拿雞肉蘸醬油吃。雞湯味道鮮美，過年更是不能不喝。小時候在家鄉，母親知道，年夜飯我喝不到雞湯就會賭氣不吃飯，所以忘不了再三交代廚子，不能沒有這一道湯。」

　　媽媽靜靜的聽著。

　　老大說：「媽媽，別忘了我那一大盤炒米粉，要多放一點蝦米、香菇丁兒，還有肉絲。就是連吃三天，我也吃不膩。」

　　老二說：「媽媽，別忘了做一鍋滷雞翅膀。啃雞翅膀，真是越啃越香，就算沒有別的菜，我也夠了。」

媽媽靜靜的聽著。

老三說：「我最想吃的是炸丸子。豬肉丸子和素菜丸子，兩樣都要。還有，咖哩豬肉加馬鈴薯，這也是我要的。我要拿來拌飯吃。」

媽媽靜靜的聽著。

除夕的前兩天，媽媽打掃屋子已經夠累的了，但是不得不再提起精神，到中央市場去買菜。她邀老大跟我去幫忙。她說：「要買的東西夠多的了。你們幫我到市場裡去守著一個據點。我買了東西就往你們這邊送，等一切都買齊了，大家再一起提回家。」

那一天，我們整整用去一個上午的時間，好不容易才把菜買齊，回到家裡，已經累得連動都不想動了。

今年，在除夕的前幾天，我在家裡聽到了跟往年不同的聲音。說話的是老大。

她說：「我們想的是甚麼菜好吃，受累的是媽媽。去年吃年夜飯，媽媽雖然跟我們坐在一起，但是甚麼都吃不下，只喝了半杯開水。」

老二說：「改變改變吧！」

今年的年夜飯，飯桌上出現一個電爐，爐上是一鍋開水。電爐的四周，擺滿了老大買回來的各式各樣的火鍋食品。媽媽沒上菜市場，也沒為了做那十幾道菜，從中午忙到傍晚。她跟大家一起吃火鍋，而且說了一句大家聽了都很開心的話：「今年過年，好像比往年有意思多了！」

第三課　活到老學到老

　　人的一生，要經過幾個不同的教育階段[1]，有學前、幼稚、小學、中學、大學、研究所教育。由於時代的進步，除了一般正規[2]教育外，教育學者也一再強調[3]成人教育、終身[4]教育的重要性。

　　很多人以為學校教育是教育唯一[5]的來源[6]，其實，家庭和社會對教育的影響都很大。父母是兒女的第一位老師，父母的一言一行，都是兒女學習的榜樣[7]。兒女在入學以前，家庭就是他們的學校。

　　除了家庭以外，社會上形形色色的現象，也會影響孩子。感人的社會新聞，像捐款幫助窮人，替可憐的小動物找到新家，都會對他們形成[8]正面[9]的教育意義[10]。相反地，一些打打殺殺的社會事件[11]，也會帶來負面[12]的影響。

　　由於學校教育的教材[13]都是經過設計[14]的，理論[15]多於實際[16]，剛踏出校門的人，往往不明白其中的差別，很容易迷失[17]於多變的社會中，增加許多困擾[18]。

　　過去老師或父母教什麼，我們就學什麼，對他們有過多的依賴[19]。今天教育的意義已經不同了，應該是教一個人懂得如何選擇[20]，才能獨立自主，有自己的人生方向。

　　人生的成就[21]是多方面的，成績決不是唯一的目標。一個對自己有信心，時時保持鬥志[22]的人，即使失敗了，也會

繼續努力，最後必有成就。受過教育的人，不但要對自己的行為[23]負責，還要尊重[24]自己，也尊重別人。總之，學業成績雖然重要，而人格[25]教育更重要。

俗語說：「活到老學到老。」完成學校的教育以後，踏入社會，更要不斷地[26]學習，不斷地吸收[27]新知，以充實[28]自己，提升[29]自己。這樣才能應付[30]這多變的社會，工作時也才能得心應手，活得快樂，活得有意義、有價值。

第三課　活到老學到老

生詞　　　New Vocabulary

1 階段 (jiēduàn)　　N: stage (s), Phase (s)

在學習中文的初期階段，要特別重視發音和聲調。

2 正規 (jhèngguēi / zhèngguī)　　AT: standard; regular; orthdox

職業訓練可補正規教育的不足。

3 強調 (ciángdiào / qiángdiào)　　V: to stress, to emphasize

老師常常強調複習的重要。

4 終身 (jhōngshēn / zhōngshēn)　　N: all one's life, life-long

結婚是一個人的終身大事。

5 唯一 (wéiyī)　　AT: the only one, the only kind

這座小島是世界上唯一沒有環境汙染的地方。

6 來源 (láiyuán)　　N: source, origin

人民所繳的稅是政府收入的一大來源。

7 榜樣 (bǎngyàng)　　N: model; role-model; good example

成功的偉人是青少年的榜樣。

8 形成 (síngchéng / xíngchéng)　　V: to form; to become

學校鼓勵大家多借書、多看書，形成讀書風氣。

9 正面 (jhèngmiàn / zhèngmiàn)　　N/AT: positive (aspect)

(1) 光從正面照過來，背面就會有影子。
(2) 好的、積極的一面就是正面，所以好的影響就是正面影響。

10 意義 (yìyì)　　N: a meaning; purport

11 事件 (shìhjiàn / shìjiàn)　　N: an incident; an event

像殺人、騙錢這些社會事件常出現在報紙上。

12 負面 (fùmiàn)　　AT: negative (aspect)

父母處罰孩子常常會造成負面效果。

13 教材 (jiàocái)　　N: a teaching material

除了課本以外，老師也會拿報上的新聞當作教材。

14 設計 (shèjì)　　V/N: to design; design

(1) 經過室內設計師用心設計的房子非常漂亮。
(2) 公共建設的設計一般來說都比較現代化。

15 理論 (lǐlùn)　　N: theory

16 實際 (shíhjì / shíjì)　　SV/N/AT: (a) practical, realistic (b) reality, practice

(1) 他的想法不實際，因為做起來很困難。
(2) 理論跟實際之間往往會有一段距離。
(3) 有些人只是空想，卻沒有實際行動。

17 迷失 (míshīh / míshī)　　V/AT: to lose (one's way, etc.), to be lost

(1) 人很容易迷失在森林中，找不到正確的方向。
(2) 失去人生目標的年輕人，可以說是迷失的一代。

18 困擾 (kùnrǎo)

V/N: (a) to trouble; to harass; to worry (b) a trouble; a worry; a puzzle

(1) 工作上的問題困擾了他很久。
(2) 他最大的困擾是不知如何教養子女。

19 依賴 (yīlài)　V/AT: to depend on, to rely on

孩子大了以後,就不再依賴父母了。

20 選擇 (syuǎnzé / xuǎnzé)

N/V: (a) a selection; a choice (b) to make a choice; to select

(1) 如果分手是你自己的選擇,就不能怪別人。
(2) 選擇好的住宅環境是很重要的事。

21 成就 (chéngjiòu / chéngjiù)　N: achievement, accomplishment, success

22 鬥志 (dòujhìh / dòuzhì)

N: fighting spirit morale, the determination to compete or fight

他雖然失敗了,卻還有鬥志,將來總有一天會成功的。

23 行為 (síngwéi / xíngwéi)　N: behavior; conduct

一個人的行為包括他所做的一切事情。

24 尊重 (zūnjhòng / zūnzhòng)　V/N: respect, esteem

不隨便插嘴是尊重別人的表現。

25 人格 (réngé)　N: character

一個人做出不道德的事,我們就認為他的人格有問題。

26 不斷地 (búduànde)

A: unceasingly; continuously; constantly; uninterruptedly

最近幾個月,電視新聞不斷地報導選舉的消息。

27 吸收 (sīshōu / xīshōu)　V: to absorb

多與別人交談可以吸收豐富的經驗和知識。

28 充實 (chōngshíh / chōngshí)

V/SV: (a) abundant, substantial
(b) to strengthen or improve (knowledge, facilities, etc.); to enrich

(1) 為了充實報告的內容，他到處找相關的資料。
(2) 他下班以後上網吸收新知，週末做些休閒活動，生活非常充實。

29 提升 (tíshēng)   V: to increase; to promote; to improve

他常努力研究來提升自己的專業水準。

30 應付 (yìngfù)   V: to cope with; to deal with

(1) 一個店員要應付這麼多顧客不容易。
(2) 他做事的態度並不認真，常常隨便應付一下。

成語與俗語 — Proverbs and Common Sayings

1. 活到老學到老
(huó-dào-lǎo-syué-dào-lǎo / huó-dào-lǎo-xué-dào-lǎo)

there is still much to learn after one has grown old; the pursuit of knowledge is an endless effort.

有些人年紀大了才學電腦，真正是活到老學到老。

2. 一言一行 (yìyán-yìsíng / yìyán-yìxíng)

Everything one says and does; one's words and actions

政治家的一言一行都成為大家注意的目標。

3. 形形色色色 (síngsíng-sèsè / xíngxíng-sèsè)

of every description; of all shapes and colors; of great variety and diversity

大賣場的商品種類很多，形形色色，應有盡有。

4. 得心應手 (déxīn-yìngshǒu / déxīn-yìngshǒu)
   to handle with ease; to be in one's element

   他練習書法已經五年了，所以寫起毛筆字來得心應手。

句型　Sentence Patterns

1. ……以為……其實……
   …… mistakenly believe …… actually ……;
   …… wrongly believe …… in truth ……

   (1) 大家以為他很窮，其實他有錢得很。
   (2) 我以為下雨了，其實是樓上澆花的聲音。
   (3) 她以為種花很容易，其實要有耐心才能種得好。

2. ……多於……
   …… X outnumbers Y……;
   The are more X than Y

   (1) 臺北市區新建的大樓多於舊式的公寓房子。
   (2) 我希望感人的電影多於打打殺殺的片子。
   (3) 今年的大學畢業生多於往年。

3. 往往　often

   (1) 沒有法律常識的人往往會受騙。
   (2) 心情愉快的時候，他往往哼起歌來。
   (3) 家庭中最小的孩子往往有依賴性。

4. ……如何……才能……
   …… how to …… then ……;
   …… what to …… then ……

   (1) 老師不知道如何教，才能使學生學得快。
   (2) 到底要如何說，才能使別人完全了解？
   (3) 我們要如何努力，才能達到世界和平？

5. 雖然……而……
   ...... although ...... however ......;
   ...... though ...... but ......

   (1) 工作能力雖然重要，而人格更重要。
   (2) 生命雖然可貴，而自由更可貴。
   (3) 考前的練習雖然重要，而平常的努力更重要。

問題討論　Questions for Discussion

1. 你經歷過哪些不同的教育階段？
2. 哪些教育不是正規教育？
3. 學校教育和社會教育有什麼差別？
4. 你認為教育真正的意義是什麼？
5. 你能舉出一個「活到老學到老」的例子嗎？

練習　Exercises

配句　Match the Phases

1. 人生要經過不同的教育階段，＿＿＿＿＿＿

2. 學業成績雖然重要，＿＿＿＿＿＿

3. 學校教育是經過設計的教材，＿＿＿＿＿＿

4. 父母的一言一行，＿＿＿＿＿＿

5. 一個人懂得如何自我成長，＿＿＿＿＿＿

A. 都是兒女學習的榜樣。

B. 理論多於實際。

C. 他才能獨立自主。

D. 有學前、幼稚園、小學、中學、大學、研究所等教育。

E. 而人格教育更重要。

將生詞連成句子 Use Each of the Following to Create a Sentence

例：唯一
　　學校　學校不是唯一吸收新知的地方。
　　吸收

1. 人格
   強調
   尊重

2. 負責
   成就
   信心

3. 得心應手
   充實
   應付

4. 形形色色
   迷失
   多變的

5. 依賴
   獨立
   榜樣

改錯字 Correct the Errors in the Sentences（每題兩字）

1. 有學前、幻稚、小學、中學、研就所。＿＿＿＿＿＿

2. 家廷和社會對教育的影嚮都很大。＿＿＿＿＿＿

3. 時時保持枉盛鬧志的人，必有成就。＿＿＿＿＿＿

4. 一個人要負責畫責，遵重自己和別人。＿＿＿＿＿＿

5. 踏入社會，更要不繼地級收新知。＿＿＿＿＿＿

閱讀與探討　Read and Discuss

一、學習永遠不嫌晚

一個人能按部就班在正規的教育中學習是幸福的。如果錯過了學習的機會，日後想要回到校園重溫舊夢，也有幾種方式：第一是念補習學校或各種空中進修學校，第二是經過考試正式進入學校，第三是走進課堂旁聽。

說到成人教育，大家的腦中都會浮現出一幅阿公阿嬤認真寫字的畫面。旺盛的求知欲和學習的成就感，勝過一切，使他們忘了辛勞。至於空中大學，雖然免試入學，卻能取得學位，吸引了不少人。有人就花了十幾年的時間，得到好幾個學士學位，簡直是讀書讀上癮了。

光是這樣還不夠，有些人還經過考試，正式踏進校園當新鮮人。每年夏天，往往可以看到父子、母女甚至祖孫同時從學校畢業的新聞報導。這些好學的長者，對年輕人來說，是最好的榜樣，對他們有激勵的作用。另外還有一些事業有成的高級主管，利用暑期、夜間、週末，去上「高階管理碩士班」(EMBA)，結合理論與實際，收穫更是豐富。

若想繼續進修而不在乎學位，在得到授課教師的同意後，也可以走進教室去旁聽。一般來說，旁聽生不必參加考試或繳交作業，比較沒有壓力，而且可以按照自己的興趣，選擇不同的科系和課程。對於重視實際的人，旁聽是很理想

的方式。

　　不論你選擇哪一種方式，只要有心，學習永遠不嫌晚！

問答：

1. 除了重回學校以外還有哪些進修的方式？
2. 如果你錯過學習的機會，會選擇什麼方式補救？

二、成語故事：殺彘(zhì)教子

　　曾參是孔子的學生，有一天，他的妻子要到市場去買東西，兒子哭著要跟媽媽一塊兒去，媽媽說：「你乖乖地待在家裡，等我回來後，把家裡那隻豬殺了煮給你吃。」

　　曾參的妻子回來後，曾參就去抓那隻豬，他的妻子急了，趕快去制止他，而且對他說：「我只是說著玩的，騙騙小孩子而已，你怎麼當真了呢？」

　　曾參說：「怎麼可以騙小孩呢！小孩不懂事，一切都跟父母學，現在你騙了他，就是教孩子騙人，這樣教孩子對嗎？」

　　這時，曾參的妻子無話可說。於是曾參就把豬抓來殺了。

問答：

1. 以後如果發生一樣的情形，曾參的妻子會怎麼處理？
2. 這個故事合乎現代教育的原則嗎？

第四課　不經一事不長一智

　　林琳從十二歲起就嚮往[1]歐洲，她看過很多介紹歐洲的雜誌和書報，歐洲的美麗風光與著名古蹟[2]深深地吸引著她。今年夏天她已經大學畢業兩年了，終於下定決心，把銀行的存款[3]提出來，報名參加了一個遊歐洲的旅行團。在二十天的旅程[4]中要遊八個國家的觀光勝地[5]，行程非常緊湊[6]。

　　在旅程中的第三天晚上，大家坐在露天[7]音樂座[8]上聆聽[9]音樂演奏[10]。當美妙[11]的旋律[12]使人如醉如癡時，她突然發覺放在腿上的皮包不翼而飛了。這真是青天霹靂，在皮包裡有錢和比錢更重要的護照，怎麼辦呢？這時她已無心聽音樂，內心焦急[13]萬分[14]，好不容易等到音樂會結束了，她告訴導遊和其他團員，大家推測[15]也許竊賊[16]取出皮包裡的錢後，會把皮包連同護照丟在附近，所以大家分頭在座位下面、樹下、垃圾筒內尋找[17]，結果徒勞無功，只好回到當晚住宿的旅館。

　　第二天一大早，旅行團就要出發到另一個目的地旅遊，她必須獨自[18]留下來，團員們都來安慰她，並借給她一些錢，使她內心感到很溫暖。但大家走後，頓時，懊惱[19]、惶恐[20]、無助的感覺一起湧[21]上心頭。好不容易等到上班時間，導遊找了一位住在當地的張先生來旅館幫助她，這時她的心情才好過了一點兒。

張先生首先[22]帶她到警察局去報案[23]，再去拍快照，補辦[24]護照，然後到英法領事館去補辦簽證。大概因為當時是旅遊旺季[25]，每個地方都是大排長龍[26]，等一切都辦好之後，已是下午五點了。他們趕忙去坐火車，趕到下一站的旅館。她想如果沒有張先生的帶領，那真是寸步難行。到了旅館，團員們都跑過來關心她，她像和失散的家人團聚[27]一般，流下了既辛酸[28]又快樂的眼淚。

　　現在她早已安全回國，只要聽說有朋友出國旅遊，她就會一再叮嚀[29]朋友，護照和錢千萬要放在貼身[30]口袋裡，另外不要忘了帶幾張照片和一點急救藥品。

第四課　不經一事不長一智

實用視聽華語 5
Practical Audio-Visual Chinese

生詞 / New Vocabulary

1. 嚮往 (siàngwǎng / xiàngwǎng)　V: to aspire to; to long for

   她一直嚮往田園生活。

2. 古蹟 (gǔjī)　N: historic site (s), place (s) of historic interest

3. 存款 (cúnkuǎn)　N: savings (in a bank)

4. 旅程 (lyǔchéng / lǚchéng)　N: a journey

   他在旅程中不斷地發現迷人的風景。

5. 勝地 (shèngdì)　N: famous scenic spot, famous landmark

   許多有名的海灘都是度假勝地。

6. 緊湊 (jǐncòu)　SV/AT: to be well organized; to be tightly packed

   新年晚會的節目很緊湊。

7. 露天 (lùtiān)　AT: outdoors, open-air

8. 音樂座 (yīnyuèzuò)　N: auditorium, music hall

9. 聆聽 (língtīng)　V: to listen (attentively or respectfully)

   他坐在樹下聆聽鳥叫，忘了一切煩惱。

10. 演奏 (yǎnzòu)

    V: to give an instrumental performance, to perform (for musi-cians)

    你剛才演奏的是什麼曲子？真好聽，我以前沒聽過。

11. 美妙 (měimiào)　SV/AT: to be beautiful, splendid, wonderful

第四課　不經一事不長一智

她覺得人生太美妙了，真不明白為什麼每年有那麼多人自殺。

12 旋律 (syuánlyù / xuánlǜ)　N: melody

這首歌的旋律非常輕快，使人聽了想跳起舞來。

13 焦急 (jiāojí)　SV/A: to be worried, anxious, anxiety-ridden

(1) 現在已經晚上八點了，小孩還沒回來，父母焦急萬分。
(2) 他在產房外焦急地等待小孩的出生。

14 萬分 (wànfēn)　A: extremely

他支持的球隊快要輸了，讓他緊張萬分。

15 推測 (tuēicè / tuīcè)　V/N: to guess; to make a conjecture, to infer; to predict

(1) 據他推測，明年物價會下降。
(2) 他說竊賊可能還在附近，我不相信他的推測。

16 竊賊 (cièzéi / qièzéi)　N: a thief, a burglar

17 尋找 (syúnjhǎo / xúnzhǎo)　V: to seek; to look for

戰爭過後，他到處尋找失散的親人。

18 獨自 (dúzih / dúzì)　A: alone, personally, single-handedly

她喜歡獨自散步，看電影、逛百貨公司。

19 懊惱 (àonǎo)　SV: to be upset; to be annoyed; to be vexed

考試時看錯了題目，讓他很懊惱。

20 惶恐 (huángkǒng)　SV: to be terrified, to be frightened

我懷著一顆惶恐的心去面試。

21 湧ㄩㄥˇ (yǒng)　V: to well (up), to spring (forth)

清涼的泉水不斷地湧出來。

22 首ㄕㄡˇ先ㄒㄧㄢ (shǒusiān / shǒuxiān)　A: first, in the first place, first of all

第一次出國的人首先要辦護照。

23 報ㄅㄠˋ案ㄢˋ (bàoàn)　VO: to report a case to the police (such as a theft, a murder or a missing person)

有人被殺了，趕快報案！

24 補ㄅㄨˇ辦ㄅㄢˋ (bǔbàn)　V: to replace

你的證件遺失了，必須補辦。

25 旺ㄨㄤˋ季ㄐㄧˋ (wàngjì)　N: (said of business) the busy season, the boom season

旺季跟淡季的生意差別很大。

26 大ㄉㄚˋ排ㄆㄞˊ長ㄔㄤˊ龍ㄌㄨㄥˊ (dàpái-chánglóng)

IE: To have long lines, to have to wait in long lines, to have to queue up, to have to line up

27 團ㄊㄨㄢˊ聚ㄐㄩˋ (tuánjyù / tuánjù)　V: to be reunited

他的家人分散在各地，只有過年過節才回到老家團聚。

28 辛ㄒㄧㄣ酸ㄙㄨㄢ (sīnsuān / xīnsuān)　SV: to be miserable, to be bitter, to be sad

他不喜歡別人提起他的辛酸往事。

29 叮ㄉㄧㄥ嚀ㄋㄧㄥˊ (dīngníng)　V/N: to urge, to exhort repeatedly

母親一再叮嚀兒子開車前不要喝酒，以免發生車禍。

30 貼ㄊㄧㄝ身ㄕㄣ (tiēshēn)

AT: (a) (to glue to one's body) to keep closely attached, to keep carefully on or by one's person (b) personal servant (s)

(1) 海關為了查毒品，連貼身口袋裡的東西都要檢查。
(2) 重要的政治人物都有貼身隨從。

專有名詞　Proper Names

① 英法領事館 (Yīngfǎ-Lǐngshìhguǎn/Yīngfǎ-Lǐngshìguǎn)
the British and French Consulates

成語與俗語　Proverbs and Common Sayings

1. 不經一事不長一智
(bù-jīng-yí-shìh,bù-jhǎng-yí-jhìh / bù-jīng-yí-shì,bù-zhǎng-yí-zhì)

If one does not go through an experience, then one cannot gain knowledge; one learns by experience

「不經一事不長一智」是告訴我們經驗的重要。

2. 如醉如癡 (rúzuèi-rúchīh / rúzuì-rúchī)
（亦作如癡如醉）

to be crazy about; to fall head over heels in love with; to be drunk with

她的歌聲甜美，使聽眾如醉如癡。

3. 不翼而飛 (búyìérfēi)

to vanish; to melt into thin air; to disappear mysteriously

我把手錶放在桌上，離開了五分鐘以後，居然不翼而飛了。

4. 青天霹靂 (cīngtiān-pīlì / qīngtiān-pīlì)
（亦作晴天霹靂）

a bolt from the blue, a great and sudden shock, a completely unexpected occurrence

有人告訴他，他家的房子倒了，真是青天霹靂。

5. 徒勞無功 (túláo-wúgōng)

   all one's attempts proved futile; to labor in vain; to work without achieving anything

   汽車的輪胎陷進坑裡去了,大家忙了半天,可是徒勞無功。

6. 寸步難行 (cùnbù-nánsíng / cùnbù-nánxíng)

   unable to move a single step; hard to walk even an inch

   這個城市交通太亂,使人寸步難行。

句型　Sentence Patterns

1. 把……連同……
   to take ...... (together) with

   (1) 他把那盤菜連同盤子都丟了。
   (2) 媽媽把被單連同床單一起拿去洗了。
   (3) 學生把生詞連同課文都記住了。

2. 頓時
   forthwith; immediately

   (1) 他知道自己得到獎學金了,頓時興奮地跳起來。
   (2) 忽然停電了,房間裡頓時一片黑暗。
   (3) 電影明星出現在風景區,頓時,遊客都拿出照像機來拍照。

3. 首先……再……然後
   ...... first (do something) ...... then (do something else) ...... then after that (do a third thing) ......

   (1) 他回家後,首先洗手、洗臉,再喝茶,然後做功課。
   (2) 她有好吃的東西時,首先給父母,再給兄弟姐妹,然後自己吃。
   (3) 看報時,我首先看國內大事,再看國際大事,然後看運動新聞。

4. 如果……那真是
   If ...... that really is ......;

If ......, then that really would be ......

(1) 如果你能幫我忙，那真是太好了。
(2) 如果我像鳥一樣能飛，那真是太高興了。
(3) 如果竊賊把我的證件拿去做壞事，那真是糟糕。

問題討論　Questions for Discussion

1. 林琳是怎麼去歐洲的？行程是怎麼安排的？
2. 皮包是什麼時候掉的？為什麼她焦急萬分？
3. 第二天她獨自留下來有什麼感覺？什麼時候才覺得舒服一點？
4. 張先生帶她去哪兒？補辦了什麼？她怎麼和其他團員會合？
5. 你去過哪些地方旅行？印象最深刻的是哪兒？

練習　Exercises

▼ 選擇相反詞　Underline the Word with the Opposite Meaning

例：存款：　　　　a. 提款　b. 放款　c. 儲蓄
1. 緊湊：　　　　a. 放鬆　b. 鬆散　c. 輕鬆
2. 露天：　　　　a. 地下　b. 室內　c. 隱藏
3. 分頭：　　　　a. 分開　b. 比較　c. 一起
4. 旺季：　　　　a. 淡季　b. 雨季　c. 四季
5. 團聚：　　　　a. 團結　b. 會面　c. 分散
6. 辛酸：　　　　a. 歡樂　b. 安慰　c. 勞累
7. 安全：　　　　a. 平安　b. 危險　c. 全部
8. 首先：　　　　a. 第一　b. 以後　c. 最後
9. 獨自：　　　　a. 自己　b. 大家　c. 獨立
10. 結束：　　　　a. 開始　b. 結果　c. 協助

▼ 分辨　Differentiate the Two Characters

1. 嚮、響　你受了誰的影_____來學中文？
　　　　　他因_____往中華文化，喜歡看中國畫。

2. 遊、游　參加團體活動，得先知道他們的 _____ 戲規則。
　　　　　_____ 泳是年輕人最喜愛的運動。
3. 奏、湊　在演 _____ 會上，人人都靜靜地聆聽。
　　　　　晚會的節目不夠緊 _____ ，有些人覺得很無聊。
4. 族、旅　去一次歐洲 _____ 費不便宜。
　　　　　很多人不願意結婚，寧可當單身貴 _____ 。
5. 霹、避　打雷了，_____ 靂一聲，把孩子嚇哭了！
　　　　　大雨時，我們躲在屋內 _____ 雨。
6. 則、賊　偷東西的人就是竊 _____ 。
　　　　　他對人對事都有原 _____ 。
7. 待、徒　做事得先計畫，不然 _____ 勞無功。
　　　　　剛畢業的學生，找的工作 _____ 遇都不高。
8. 惱、腦　由於沒趕上車，他由懊 _____ 變得很生氣。
　　　　　_____ 力強的人有思考能力。
9. 枉、旺　旅行 _____ 季買不到機票。
　　　　　桌子不是我破壞的，不要冤 _____ 好人。
10. 辛、幸　他 _____ 苦了一生，總算成功了。
　　　　　一家人團聚真 _____ 福。

閱讀與探討　　Read and Discuss

一、導遊甘苦談

　　我是一名頗富經驗的導遊，大學念的並不是熱門的科系，畢業後擠入導遊這一行業，藉著工作的機會，遊遍各地的高山大川、名勝古蹟。五年多下來，居然迷上了這份工作。帶旅行團出發，安排旅館，接洽土產店等，這些繁雜瑣碎的工作，實在是有苦有樂。

　　首先談談我工作的對象。按年齡來說，包括老、中、青各級男女人士。身為導遊，必須先訓練自己，了解各色人等的談話資料。我會迎合年輕人唱搖滾樂、跳迪斯可；我也能跟少、壯、中年人大談流行服飾；我更會與老年團員狂吹養生之道。不簡單吧！因此我也交到了不少知心的朋友。

　　其次，我得有敏銳的觀察力，必須隨時注意每位團員的反應。如有人落落寡歡，得前去搭訕一番，不知有什麼不滿意的事；如有人精神不好，又得詳加細問是否身體不適；如有男女團員相互傾心，我還得趁機當一次月下老人，從中撮合撮合呢！當一名導遊，觀察力強是必要的條件啊！

　　最後，我認為最苦的事是古蹟看多了，在娓娓講述，介紹名勝古蹟的時候，常說溜了嘴，張冠李戴。要是被人發現了，那可真是糗呢！

告訴你一件最得意的事。有一次帶一團老人去半日遊，遊完下車的時候，第一位老太太給了我一點小費，隨後每人都照樣給了小費，結果那一天我就有筆額外的收入，真是意想不到的好運氣！

　　你想從事導遊的工作嗎？歡迎你加入我們的行列。

問答：

1. 哪些科系的大學畢業生比較容易找工作？
2. 做導遊必須有哪些條件？（例如體健、有口才等）
3. 你認為組織旅行團，一定要分年齡、職業等不同性質嗎？
4. 你對導遊工作有興趣嗎？如果你要加入這行列，你有什麼新「點子」？
5. 旅行時最怕發生哪些問題？

二、成語故事：月下老人（見「導遊甘苦談」第三段）

　　唐朝時，有個人叫韋固，有一次他到宋城去，看見一個老人坐在月光下看一本書，他問老人看的是什麼書，老人說：「我看的這本書是記載天下男女婚姻的書。」

　　韋固又問：「您背後的大袋子裡都是些什麼東西？」

　　老人說：「都是紅繩。這些繩子是用來綁男女的腳的。如果綁上了，即使兩家是仇人或相隔遙遠也會成為夫婦。」

　　老人又說住在前面的那位老婦人抱的三歲女孩就是韋固的妻子，韋固去看了那位婦人及小女孩，但是完全不相信老人說的話。

　　過了十四年，韋固經人介紹娶了一位很漂亮的妻子，她是一個大官的女兒。韋固詳細地問了他妻子很多事，也問了別人，原來他的妻子就是十四年前月下老人說的那個女孩。那個老婦人是她的保母。

問答：
1. 你相信未來會跟誰結婚現在已經決定了嗎？
2. 出門旅遊是否比較容易遇上理想的對象？

佳文欣賞

滂卑故城（「滂卑」現譯為「龐貝」）

朱自清

　　滂卑故城在奈波里之南，義大利半島的西南角上。維蘇威火山在它的正東，像一座圍屏。紀元七十九年，維蘇威初次噴火。噴出的熔岩倒沒什麼，可是那崩裂的灰土，山一般壓下來，將一座繁華的滂卑城活活地埋在底下，不透一絲風兒。那時是半夜裡。好在大多數人早走了，剩下的並不多。城是埋下去了，年歲一久，誰也忘記了。只存下當時一個叫小博里尼的人的兩封信，裡面敘述滂卑陷落的情形，但沒有人能指出這座故城的遺址來。直到 1784 年大劇場與別的幾座房子出土，才有了頭緒；系統的發掘卻遲到 1860 年。到現在這座城大半都出來了，工作還繼續著。

　　滂卑的文化很高，從道路、建築、壁畫、雕刻、器皿等都可看出。但是這種文化大體從希臘輸入，羅馬自己的極少。那時羅馬人很有錢，希臘人卻窮了，所以羅馬人買了許多希臘人的藝術品。滂卑只是第三等的城市，大戶人家陳設的藝術品已經像一所博物院了，別的大城可想而知。

　　有一所大住宅，是兩個姓魏提的單身男子住的，保存得最好，宅子高大，屋子也多；一所空闊的院子，周圍是深深

的走廊。廊下懸著石雕的面具；院中也放著許多雕像，中間是噴泉和魚池。屋後還有花園。滂卑中上人家大概都有噴泉、魚池與花園。水從山上用鉛管引下來。

魏提家的壁畫頗多，牆壁用紅色，粉刷得光潤無比，和大理石差不多。畫也精工美妙。在紅牆上畫出一條黑帶兒，在這條帶兒上面再用鮮明的藍黃等顏色作畫，映照起來最好看。這些屋子裡的銀器、銅器、玻璃器等與壁畫雕像大部分保存在奈波里；還有塗上石灰的尸首及已化碳的麵包和穀類，都是城陷時的東西。

滂卑人是會享福的，他們的浴場造得很好。冷熱浴、蒸氣浴都有；場中有存衣櫃，每個浴客一個。浴場寬闊高大。牆上和圓頂上滿是畫。屋頂正中開一個大圓窗子，光從這裡下來，雨也從這裡下來，但他們不在乎雨，場裡面反正是濕的。有一處浴場對門就是飯館，洗完澡，就上這兒吃點兒、喝點兒，真美啊！

滂卑城並不算大，卻有三個戲院，大劇場能容兩萬人，大約不常用，現在還算完好，常用的兩個比較小些，已頹毀不堪；一個據說有頂，是夜晚用的，一個無頂，是白天用的。城中有好幾個市場，是公眾買賣和娛樂的地方；法庭廟宇都在其中，現在卻只見幾片長方的荒場和一些破壇斷柱而已。

街市中除酒店外，別種店鋪的遺跡也不少。曾走過一家藥店，架子上還凌亂地放著一些玻璃瓶兒，又走過一家餅

店，五個烘餅的小磚爐也還好好的。街旁常見水槽，槽裡的水是給馬喝的，上面另有一個管子，行人可以就著喝。喝時須以一隻手按著槽邊，翻過身仰起臉來。這個姿勢也許好看，舒服是並不的。街路用大石鋪成，中間常有三大塊或兩大塊橢圓的平直分開放著，是為上下馬車用的。街道是直的。雖然一望到頭，可是襯著兩旁一排排距離相似，高低相仿的頹垣斷戶，倒彷彿無窮無盡似的。從整齊劃一中見偉大，正是古羅馬人的長處。

～節選自《歐遊雜記》～

第五課　世界運動會

　　四年一次的世界運動會是件全球矚目[1]的大事。各國選手[2]無不摩拳擦掌，希望在大會中奪[3]得金牌[4]與光榮[5]。

　　世界運動會也稱為國際奧林匹克運動會，簡稱[6]奧運會。遠在西元前七七六年，古代希臘人在希臘北部一個叫做奧林匹亞的地方，集合[7]各城邦[8]舉行每四年一次的祭祀儀式，在典禮[9]中，加入一些競技[10]活動。本來的目的是以和平與友愛的精神，來消弭[11]各城邦之間的戰爭與仇視[12]。相傳[13]下來，形成了現代奧運會的精神。但在西元三九四年以後，因為羅馬人的關係，古代奧運會就不再舉行了。

　　現代奧運會的組織[14]，是在十九世紀[15]末才成立的。由於在廢墟[16]中發現了奧林匹克遺址[17]，不少熱心體育的教育人士，貢獻[18]出一生的力量，想要繼續舉辦這個有意義的競技活動。經過一番努力，到了一八九六年，終於在希臘雅典舉行了第一屆[19]現代奧運會，此後按照傳統，每四年舉行一次。每一屆的主辦國家都不相同，各有各的特色。

　　世界性的體育活動，應該是象徵[20]著全人類的和諧[21]共處與團結[22]合作。我們由會旗[23]上的五環，就可以了解，奧運會的主旨[24]是使世界上五大洲的人，不分種族[25]，不分國籍[26]，都同場競技，以達到[27]「世界大同，天下一家」的理想。但是近年來有些人藉大會舉行期間，製造不少恐怖事件，令人

惋惜[28]。

　　人人都盼望[29]，這轟動全球的大競技活動，能發揚奧運精神，永遠[30]給我們帶來幸福、歡樂與進步。

第五課　世界運動會

生詞　　New Vocabulary

1 矚目 (jhǔmù / zhǔmù)

V/N: to watch or stare at with great interest, to eagerly look at, to take great interest in

(1) 臺灣選舉總統是全國矚目的大事。
(2) 慶祝新年的活動受到全世界人民的矚目。

2 選手 (syuǎnshǒu / xuǎnshǒu)

N: candidate; (of sports) selected contestant or player

3 奪 (duó)　　V: (a) to strive for, to win (b) to take by force, to seize

(1) 這位警察多次不顧危險抓到犯人，奪得「最佳警察」的美名。
(2) 她的皮包在街上被一個機車騎士奪走了。

4 金牌 (jīnpái)　　a gold medal（M：面）

5 光榮 (guāngróng)　　N/SV/AT: honor, glory, credit

(1) 餐廳的服務生認為，能為顧客服務是她們的光榮。
(2) 這個城市被選為世界上環境最好的地方，當地人都覺得很光榮。
(3) 這本書記錄了運動員在球賽方面得到勝利的光榮事蹟。

6 簡稱 (jiǎnchēng)

V/N: (a) to be called something for short (b) an abbreviation, a shortened form of a name

(1) 國立臺灣師範大學簡稱「師大」或「臺師大」。
(2) 山東省的簡稱是魯。

7 集合 (jíhé)　　V/AT: to gather; to assemble; to call together

(1) 校長準備集合全體學生參加國慶日的活動。
(2) 我只記得集合時間，卻忘了集合地點。

8. **城邦 (chéngbāng)** N: city-state

城邦就是古代的城市國家，以一個城市為中心，也包括四周的村子。

9. **典禮 (diǎnlǐ)** N: a ceremony, a celebration

每年夏天，全國各地的學校都會舉行畢業典禮。

10. **競技 (jìngjì)** N/V: competition, event, heat

(1) 古代的競技活動跟現代不完全相同。
(2) 這場趣味競賽，無論男女老少都可以同場競技。

11. **消弭 (siāomǐ / xiāomǐ)** V: to terminate; to put an end to; to bring to an end

消弭種族間的歧視是很多國家努力的目標。

12. **仇視 (chóushìh / chóushì)** V/N: to look upon with hatred; to regard with hostility; to be hostile to

(1) 不同種族的人若彼此仇視，就無法團結合作了。
(2) 不合理的工資和處罰規定，造成員工對老闆的仇視。

13. **相傳 (siāngchuán / xiāngchuán)** V: to hand down from generation to generation; to pass on from one to another

各國的風俗都是一代一代相傳下來的。

14. **組織 (zǔjhīh / zǔzhī)** N/V: (a) to organize (b) an organization

(1) 這個新政黨的組織，吸收了很多年輕的黨員。
(2) 他們想組織一個樂團，到世界各國去表演。

15. **世紀 (shìhjì / shìjì)** N: century

16. **廢墟 (fèisyū / fèixū)** N: the ruins (of a city, a castle, etc.)

美國的世貿大樓，在九一一事件後成了一片廢墟。

17 遺址 (yíjhǐh / yízhǐ)   N: the ruins (of a city, a castle, etc.); the relics

美國人在世貿大樓的遺址建立新大樓。

18 貢獻 (gòngsiàn / gòngxiàn)

V/N: (a) to contribute; to devote; to dedicate (b) a contribution

(1) 他把自己在教學上的經驗都貢獻給學校。
(2) 孔子在古代的平民教育上有很大的貢獻。

19 屆 (jiè)

MA: measure word for periods of time or events (meetings, sports events, etc.)

你是本校第幾屆畢業生？

20 象徵 (siàngjhēng / xiàngzhēng)   V/N: to symbolize; to signify

(1) 登陸月球象徵人類科學的一大進步。
(2) 玫瑰花是愛情的象徵。

21 和諧 (hésié / héxié)   SV/N: (a) to be in harmony, harmonious (b) harmony

(1) 這次的會議氣氛非常和諧，討論的提案都順利通過了。
(2) 和諧與進步是社會發展的重要目標。

22 團結 (tuánjié)   V/N: to rally together, to nuite

(1) 要想戰勝敵人必須團結起來。
(2) 團結就是力量。

23 會旗 (huèicí / huìqí)   N: the flag of a club or organization

像「紅十字會」這樣的組織都有自己的會旗。

24 主旨 (jhǔjhǐh / zhǔzhǐ)

N: the theme; the main point (of a speech, statment, etc.)

這篇文章的主旨是運動精神的重要。

實用視聽華語 5

25 種族 (jhǒngzú / zhǒngzú)　N/AT: race, ethnic race

(1) 不同的種族之間，生活習慣和思想觀念都不相同。
(2) 嚴重的種族問題常引起戰爭。

26 國籍 (guójí)　N: nationality; national background; citizenship

27 達到 (dádào)　V: to achieve

運動選手必須不斷練習，才能達到奪得金牌的目標。

28 惋惜 (wànsí / wànxí)　SV/V: to feel regret over something

(1) 有些奧運選手因為吃禁藥而退出比賽，令人惋惜。
(2) 老是惋惜錯過的機會，不如自己製造機會。

29 盼望 (pànwàng)　V: to hope for; to look forward to; to long for

在寒冷的冬天裡，人們盼望著春天的到來。

30 永遠 (yǒngyuǎn)　A: forever

我們永遠忘不了對人類有貢獻的科學家。

專有名詞　Proper Names

① 奧林匹克 (Àolínpīkè)　PN: Olympic
② 希臘 (Sīlà/Xīlà)　PN: Greece
③ 奧林匹亞 (Àolínpīyǎ)　PN: Olympia
④ 雅典 (Yǎdiǎn)　PN: Athens (the capital of Greece)
⑤ 五環 (Wǔhuán)

　PN: five rings (i.e., the five linked rings which are the symbol of the Olympic games)

　奧運會會旗上的五環，由左至右分別是：藍、黃、黑、綠、紅，五種顏色。

第五課　世界運動會

成語與俗語　Proverbs and Common Sayings

1. **摩ㄇㄛˊ拳ㄑㄩㄢˊ擦ㄘㄚ掌ㄓㄤˇ (mócyuán-cājhǎng / móquán-cāzhǎng)**
   to be eager for a fight or to compete; to get ready for a fight; to be eager to start on a task; to chafe at the bit

   (1) 賽車開始以前，選手們都在摩拳擦掌，希望奪得第一名。
   (2) 這兩個黑社會的幫派彼此仇視，一見面就摩拳擦掌，準備打鬥。

2. **世ㄕˋ界ㄐㄧㄝˋ大ㄉㄚˋ同ㄊㄨㄥˊ，天ㄊㄧㄢ下ㄒㄧㄚˋ一ㄧˋ家ㄐㄧㄚ**
   (shìhjiè-dàtóng, tiānsià-yìjiā / shìjiè-dàtóng, tiānxià-yìjiā)
   universal brotherhood with all people as one family under heaven

   （「大同世界」是孔子理想中的世界。在這世界中，人與人的關係非常和諧，互相禮讓，彼此合作，沒有人會想傷害別人。）

   你想如何才能達到「世界大同，天下一家」的理想呢？

句型　Sentence Patterns

1. **無不**
   none but all

   (1) 我國選手在奧運會中奪得金牌，大家無不高興萬分。
   (2) 可怕的傳染病流行起來了，人人無不擔心萬分。
   (3) 看了這部感人的電影，觀眾無不流下淚來。

2. **……以……來……**
   …… (to) do …… in order to ……；
   …… to do X …… in order to Y ……

   (1) 他以洗冷水澡來提神醒腦。
   (2) 他們以傳統的舞蹈來慶祝國慶。
   (3) 不同國籍的學生以自己的國家為主題來寫報告。

3. 經過一番……終於……
   after ......, ... finally ...

   (1) 經過一番解釋，他終於了解我的意思。
   (2) 經過一番尋找，科學家終於發現古文明的遺址。
   (3) 經過一番研究，學者終於發表了一篇論文。

4. 藉……製造
   ...... to use ...... in order to ...... ；
   ...... to use (as an excuse) ...... for the chance to ......

   (1) 殺人犯藉朋友幫忙製造不在場的證明。
   (2) 恐怖份子常藉國際會議製造恐怖事件。
   (3) 有些人藉問路製造認識對方的機會。

問題討論　Questions for Discussion

1. 會旗上的五環有什麼意義？
2. 國際奧運會本來的目的是什麼？
3. 近年來舉行的世界運動會期間有什麼令人惋惜的事？
4. 世界運動會在貴國舉行過嗎？你曾親自到場觀看，還是只在家看電視轉播？
5. 貴國得過哪一種比賽的金牌？將來還希望奪得哪些金牌？

練習　Exercises

▼ 生詞複習　Vocabulary Review

1. 世界運動會是件全球 _____ 的大事。

2. 各國選手無不 _____ ，希望在大會中奪得 _____ 與 _____ 。

3. 古希臘人在希臘北部一個叫做 _____ 的地方，集合各城邦舉行 _____ 年一次的 _____ 儀式。

第五課　世界運動會

4. 世界性的體育活動應該是象徵著全人類的 _____ 共處與 _____ 合作。

5. 會旗上的五環代表世界上 _____ 的人。

6. 希望世界上的人，不分 _____ ，不分 _____ ，都同場競技，以達到「世界 _____ ，天下 _____ 」的理想。

▼ 造句　Make Sentences

1. 矚目：_____
2. 集合：_____
3. 消弭：_____
4. 和諧：_____
5. 盼望：_____

▼ 選同音字　Choose the Character with the Same Sound and Tone

例：世：　　　a. 史　b. 事　c. 石　d. 十
1. 奧：　　　a. 興　b. 舉　c. 傲　d. 襖
2. 臘：　　　a. 辣　b. 獵　c. 拉　d. 鼠
3. 儀：　　　a. 以　b. 議　c. 義　d. 遺
4. 祭：　　　a. 幾　b. 季　c. 登　d. 及
5. 邦：　　　a. 幫　b. 旁　c. 部　d. 棒
6. 祀：　　　a. 次　b. 司　c. 四　d. 己
7. 傳：　　　a. 船　b. 傅　c. 專　d. 川
8. 墟：　　　a. 許　b. 續　c. 居　d. 須
9. 揭：　　　a. 節　b. 接　c. 姐　d. 借
10. 旨：　　　a. 只　b. 隻　c. 直　d. 至

▼ 填空　Use the Following to Fill in the Blanks

✎ 競技　競選　競爭

1. 古羅馬的 _____ 場很大，坐得下很多觀眾。

2. 工商業 _____ 得很激烈，因此產品一再減價，便宜了顧客。

3. 你參加明年的國會議員 ＿＿＿＿＿＿ 嗎？

遺址　遺失　遺忘

1. 他把過去不愉快的事都 ＿＿＿＿＿＿ 了。

2. 在國外 ＿＿＿＿＿＿ 護照，必須趕快補辦，否則會影響行程。

3. 古代奧運會的 ＿＿＿＿＿＿ 被發現的時候，是一片廢墟。

舉手　舉辦　舉行

1. 本校每年都在校慶那天 ＿＿＿＿＿＿ 運動大會。

2. 贊成畢業旅行去阿里山的人請 ＿＿＿＿＿＿ 。

3. 市政府 ＿＿＿＿＿＿ 的聖誕晚會相當熱鬧。

團圓　團體　團結

1. ＿＿＿＿＿＿ 就能產生力量，是人人皆知的道理。

2. 中秋節是全家 ＿＿＿＿＿＿ 的日子。

3. 二十個人以上就可以買 ＿＿＿＿＿＿ 票，比較便宜。

驚醒　驚人　驚訝

1. 昨天夜裡發生大地震， ＿＿＿＿＿＿ 了全家人。

2. 這個小孩會說英、法、德、日語，真令人 ＿＿＿＿＿＿ 。

3. 大水的力量真 ＿＿＿＿＿＿ ，一轉眼就帶走所有的東西。

閱讀與探討　　　　　Read and Discuss

世運會開幕典禮

　　第二十五屆世運會在開幕典禮以前，大會決定用箭把火射到聖火臺上，點燃聖火。這個決定引起各界的爭論。傳統的方式是選一名身強力壯的運動員持火把到聖火臺上去點燃聖火。有些人認為這種以箭引火的方式雖然很吸引人，有古典味道，可是太冒險了。如果箭手因緊張而失誤的話，必定引起觀眾譁然，有損開幕典禮的莊嚴，因此建議大會仍用傳統方式，或改採其他方式，但被大會拒絕了。

　　到底誰來擔任這個冒險的任務呢？大會一直不對外宣布，直到點燃聖火時，才知道是位殘障運動員，名叫雷伯洛，今年三十七歲，西班牙馬德里人，曾在 1984 年美國、1988 年韓國世運殘障運動員比賽中，獲得射箭銅牌。

　　在這次開幕典禮上，大家緊張地等待著，手上捏了把冷汗。結果他不負眾望，一箭中的，全場歡聲雷動，給大會揭開了空前的、漂亮的序幕。

問答：

1. 用箭怎樣把聖火點燃？
2. 傳統的點燃聖火方式是怎麼樣的？
3. 用箭點燃聖火為什麼令人擔心？
4. 用箭點燃聖火的雷伯洛得過什麼獎牌？
5. 他在這次開幕典禮上的表現怎麼樣？

佳文欣賞

運動家的風度

羅家倫

　　提倡運動的人，以為運動可以增加個人和民族體力的健康。是的，健康的體力，是一生努力成功的基礎；大家體力不發展，民族的生命力也就衰落下去。

　　古代希臘人以為「健全的心靈，寓於健全的身體」。這也是深刻的理論。身體不健康，心靈容易生病態。

　　這些都是對的；但是運動的精義，還不只此。它更有道德的意義，這意義就是在運動場上養成人生的正大態度、政治的光明修養。這就是我所謂「運動家的風度」。

　　養成運動家的風度，首先要認識「君子之爭」。運動是要守著一定的規律，在萬目睽睽的監視之下，從公開競爭而求得勝利的；所以一切不光明的態度，暗箭傷人的舉動，和背地裡佔小便宜的心理，都當排斥。犯規的行動，雖然可因此得勝，且未被裁判者所覺察，然而這是有風度的運動家所引為恥辱而不屑採取的。

　　有風度的運動家，要有服輸的精神。我輸了只怪我自己不行；等我充實改進以後，下次再來。人家勝了，是他本事好，我只有佩服他；罵他不但是無聊，而且是無恥。

有風度的運動家,不但有服輸的精神,而且更有超越勝敗的心胸。來競爭當然要求勝利,來比賽當然想創紀錄。但是有修養的運動家,必定要達到得失無動於衷的境地。臨陣脫逃,半途而廢,都不是運動家所應有的。而賽跑落後,無希望得獎,還要努力跑到終點的人,乃是有毅力的人。

　　運動家的風度表現在人生上,是一個莊嚴公正、協調進取的人生。有運動家風度的人,寧可有光明的失敗,決不要不榮譽的成功!

〜節選自《新人生觀》〜

第六課　休閒活動的新趨勢[1]

　　現代人在緊張繁忙[2]的工作後，總希望以各種休閒活動來舒展[3]疲勞[4]的身心。有人以在室內的活動來消遣[5]，如唱卡拉OK、跳狄斯可等；有人以走出戶外接近大自然來健身，如爬山、露營等。但是多半在參加各種活動以後，由於身體勞累[6]、頭腦混亂[7]，有時會覺得無聊、浪費時間。因此有些人意識[8]到：我們是否缺少[9]一些有建設性[10]及教育性的休閒活動呢？於是服務性的休閒活動就逐漸[11]流行起來了。

　　到底什麼是服務性的休閒活動呢？社會上不少義務性的活動，如醫院義工、社團服務、維護[12]自然生態[13]、環保勸導[14]等等，就是服務性的休閒活動。參與[15]有意義的服務性休閒活動，要如何安排呢？最重要的是得有效[16]利用休閒時間，不要影響正常工作，並且在提升生活品質的前提[17]下，達到「自己快樂，別人受惠[18]」的目標。

　　在國際間，由於新聞報導十分普遍，有些意外事件引起各國人民的關切[19]，使許多人獻身[20]各類國際公益[21]活動。這些活動，既可發揮[22]人們的愛心，也可讓他們藉此充實知識，並能增進人際關係[23]。既然今日世界已成為一個「地球村[24]」，看到有些連續遭受天災人禍[25]的地區，飢餓[26]奪走了無數[27]的生命，我們怎麼能不伸出援手[28]去救助呢？

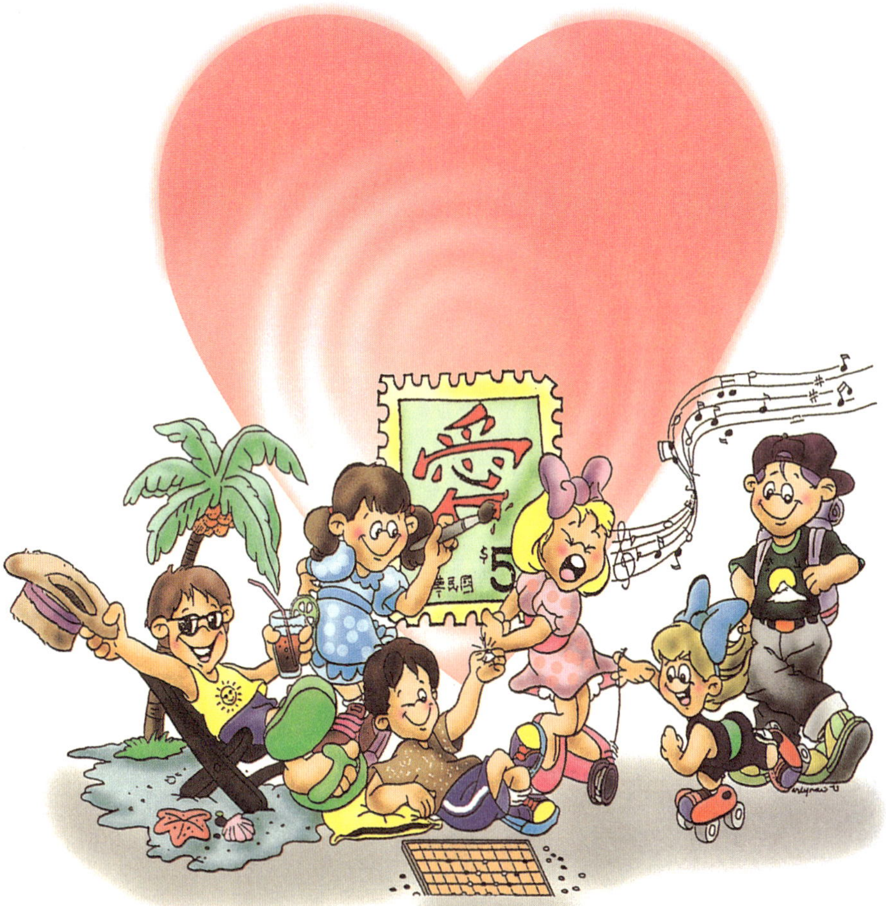
愛
$5

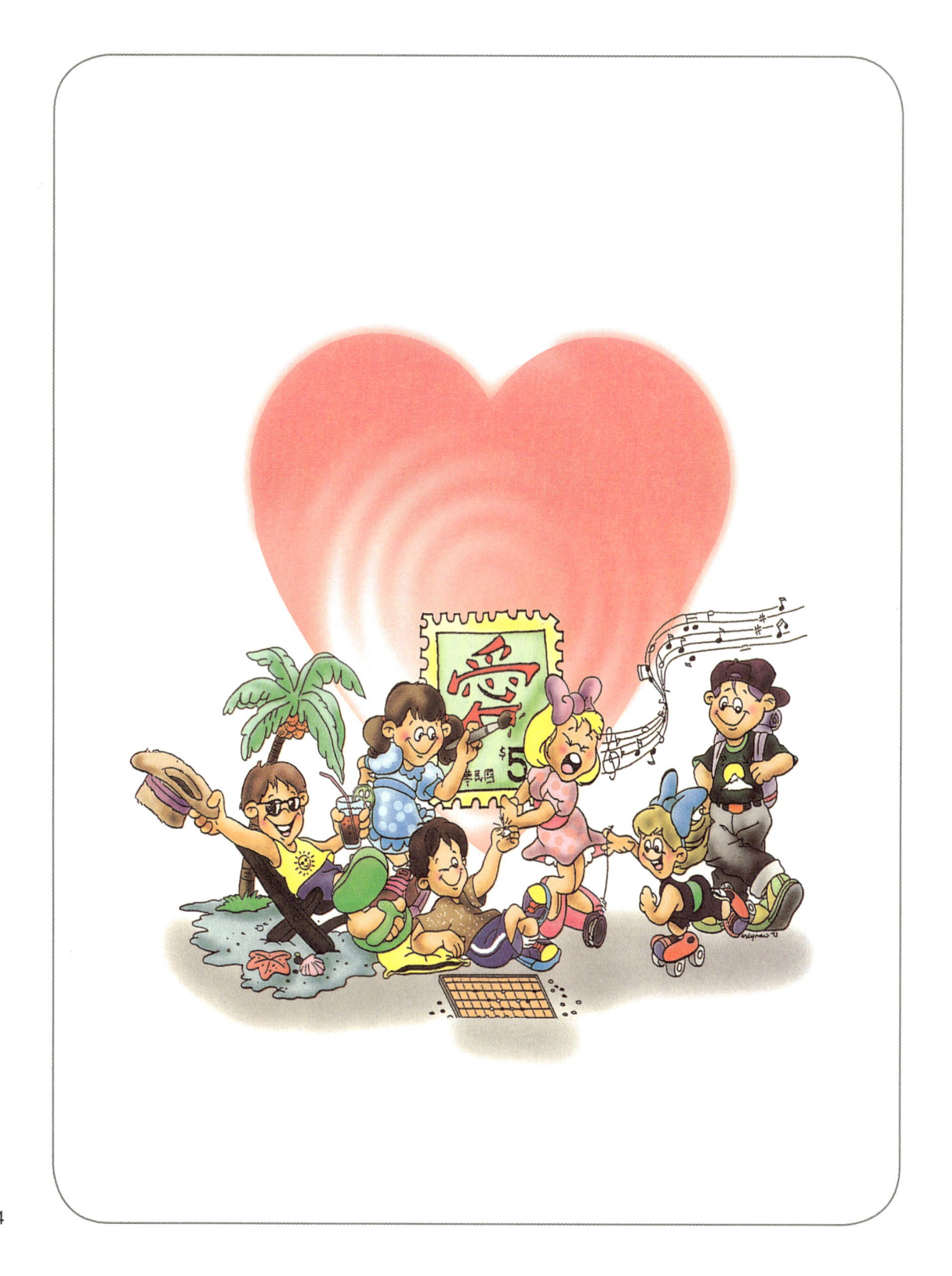

加入服務性的休閒活動行列[29]，不但有新的體驗[30]，而且由於大家的援助[31]，為受難[32]的生命帶來希望。這不是比一般的休閒活動有意義得多嗎？

■圖片提供：劉欣怡

生詞　　New Vocabulary

1 趨勢 (cyūshìh / qūshì)　N: a trend

現代人有活得越來越久的趨勢。

2 繁忙 (fánmáng)　SV: to be toilsome, hasseling, vexing, overburdening

近來我的工作量增加了，繁忙的工作使我的心情緊張。

3 舒展 (shūjhǎn / shūzhǎn)　V: to unwind; to stretch; to limber; to relax

旅行時，把一切煩惱放在腦後，只欣賞美景，當然能舒展身心。

4 疲勞 (píláo)　SV/N: to be weary, exhausted; weariness, exhaustion

(1) 他每天工作十小時，感覺很疲勞。
(2) 回家後，他用各種方法來消除疲勞。例如：洗熱水澡、聽音樂等。

5 消遣 (siāociǎn / xiāoqiǎn)

V/N: (a) to kill time; to amuse oneself　(b) a diversion

(1) A：週末你都是怎麼消遣的？
　　B：我到書店去看免費的書。
(2) 明天放假，你打算做什麼消遣？

6 勞累 (láolèi)　SV: to be rundown, overworked, tired

工人來回搬運重物，很勞累。

7 混亂 (hùnluàn)　SV/AT: to be in confusion, disorder, chaos

(1) 這個城市的交通很混亂。
(2) 混亂的政治使社會不安定。

第六課　休閒活動的新趨勢

8 意識 (yìshih / yìshì)　　V/N: (a) to realize; to be aware of (b) consciousness

(1) 他意識到自己說錯了話，趕緊道歉。
(2) 車禍使他失去意識。

9 缺少 (cyuēshǎo / quēshǎo)　　V: to lack; to be short of

這個家庭缺少一個女主人。

10 建設性 (jiànshèsìng / jiànshèxìng)　　N/AT: constructive; useful

(1) 這次會議的內容很有建設性。
(2) 請大家提出建設性的建議。

11 逐漸 (jhújiàn / zhújiàn)　　A: gradually

天氣逐漸冷了，外出時得加一件衣服。

12 維護 (wéihù)　　V: to defend, to uphold, to protect

維護健康的辦法就是多運動、吃適量的食物。

13 生態 (shēngtài)　　N: ecology, ecological system

亂砍樹木，會破壞生態環境。

14 勸導 (cyuàndǎo / quàndǎo)　　V/N: to exhort and guide, to advise

(1) 義工在風景區勸導遊客不要製造髒亂。
(2) 他總是不聽父母的勸導，所以父母很擔心他變壞。

15 參與 (cānyù)　　V: to participate; to be part of

經濟學家參與這次的國家建設計畫。

16 有效 (yǒusiào / yǒuxiào)　　SV/AT: to be effective, efficient, valid

(1) 這張車票只有今天有效，明天就不能用了。
(2) 過了有效期的食物不能吃。

17 前提 (ciántí / qiántí)　N: a precondition; a premise

他的父母答應他參加課外活動，前提是得把書念好。

18 受惠 (shòuhuèi / shòuhuì)　VO: to receive benefit; to be benefited

學校提供免費停車位，使師生都受惠。

19 關切 (guānciè / guānqiè)

V/N: (a) to be deeply concerned; to show concern (b) concern

(1) 油價上漲以後，民眾都關切物價是否也上漲。
(2) 地震的災民感謝政府對他們的關切。

20 獻身 (siànshēn / xiànshēn)

VO: to devote one's life to a cause, to devote one's self to a cause

她獻身家族事業，一直沒結婚。

21 公益 (gōngyì)　N/AT: public welfare

(1) 他一向熱心公益，常捐款給需要救助的人。
(2) 送書、送電腦給鄉下學童，是一種公益活動。

22 發揮 (fāhuēi / fāhuī)

V: to bring (a skill or talent) into full play; to give play to (a skill, talent, etc.)

我們要發揮愛心，幫助遇到困難的人。

23 人際關係 (rénjì-guānsì / rénjì-guānxì)　N: human relations

24 地球村 (dìcióucūn / dìqiúcūn)　N: global village, world community

25 天災人禍 (tiānzāi-rénhuò)

第六課 休閒活動的新趨勢

N: natural and man-made calamities; natural disasters and wars

由於天災人禍不斷，人民的生活很不安定。

天災 (tiānzāi)　　N: natural disaster

地震、颱風這一類的自然災害就是天災。

人禍 (rénhuò)　　N: man-made disasters or accidents

人禍是指人為的災難，例如戰爭、縱火等。

26 飢餓 (jīè)　　N: hunger, starvation, famine

「飢餓三十」的活動，讓參加的民眾三十個小時不吃飯，體驗飢餓的感覺。

27 無數 (wúshù)　　AT: countless

他曾經到過無數國家，幫助過無數窮人。

28 伸出援手 (shēnchū-yuánshǒu)　　IE: to give a helping hand

在你最需要的時候伸出援手的人，最令人感謝。

29 行列 (hángliè)

N: a line or row (of people, vehicles, etc.); an event or activity(that one chooses to participate)

學生排隊的行列非常整齊。

30 體驗 (tǐyàn)　　V/N: (a) to experience firsthand (b) firsthand experience

(1) 他要到鄉下種田，體驗一下農人的生活。
(2) 作家把自己的生活體驗寫成一部書。

31 援助 (yuánhù / yuánzhù)　　V: to provide assistance to

這個國際組織援助世界各地的難民。

79

實用視聽華語 5
Practical Audio-Visual Chinese

32 受ㄕㄡˋ難ㄋㄢˋ (shòunàn)　　V: to suffer

戰爭不斷的國家，人民一直在受苦受難。

俗語　Common Sayings

1. 自ㄗˋ己ㄐㄧˇ快ㄎㄨㄞˋ樂ㄌㄜˋ，別ㄅㄧㄝˊ人ㄖㄣˊ受ㄕㄡˋ惠ㄏㄨㄟˋ
   (zìjǐ-kuàilè,biérén-shòuhuèi / zìjǐ-kuàilè,biérén-shòuhuì)
   When one is happy, others benefit

   幫助盲人過馬路，就是一件使「自己快樂，別人受惠」的事。

句型　Sentence Patterns

1. 是否
   if; whether

   (1) 這種工作是否能發揮你的才能？
   (2) 戶外的休閒活動是否能舒展疲勞的身心？
   (3) 我不知道這樣勸導人戒菸是否有效果。

2. 在……的前提下
   on the premise that

   (1) 在安全第一的前提下，喝酒以後不可開車。
   (2) 在不影響工作的前提下，他熱心參與公益活動。
   (3) 在維護自然生態的前提下，這個地區限制遊客進入。

3. ……既可……也可藉此……並能
   ...... can ...... in addition, it makes it possible to ...... and simultaneously; can ...... because of X ... Y has been the result ...

   (1) 早起運動既可使身體健康，也可藉此交朋友，並能改掉貪睡的習慣。
   (2) 種花既可使心情愉快，也可藉此認識植物，並能美化環境。

(3) 各國之間的文化交流既可增進彼此的了解,也可藉此建立友誼,並能促進世界大同。

4. 加入……的行列
    to join (i.e. an event or activity)

    (1) 他從五年前就加入律師的行列。
    (2) 發生嚴重的地震以後,有越來越多的人加入援助的行列。
    (3) 大學舉辦迎新會,歡迎新鮮人加入他們的行列。

字音辨識　Characters with Multiple Pronunciations and Meanings

1. 參
    (1) cān ㄘㄢ
        加入。例如:他參加學校的社團。
    (2) cēn ㄘㄣ
        不整齊的樣子。例如:學生的程度參差不齊。
    (3) sān ㄙㄢ
        「三」的大寫。例如:從一到十的大寫是:壹、貳、參、肆、伍、陸、柒、捌、玖、拾。
    (4) shēn ㄕㄣ
        也叫人參。一種植物,根部大,可作藥。例如:他愛喝韓國的人參茶。

2. 與
    (1) yǔ ㄩˇ
        和、跟、同。例如:傳統藝術與現代藝術的關係如何?
    (2) yù ㄩˋ
        參加。例如:他常參與政治活動。

3. 重
    (1) zhòng ㄓㄨㄥˋ
        輕的相反詞。例如:鐵比棉花重得多。
    (2) chóng ㄔㄨㄥˊ
        a. 複疊。例如:他怕別人聽錯,重複說了好幾次;每一份報紙都是好幾張重疊在一起。
        b. 再,另。例如:信封上的地址寫錯了,應該重寫。

4. 切
　(1) qiē　ㄑㄧㄝ
　　　用刀割。例如：切肉跟切水果的刀子最好分開。
　(2) qiè　ㄑㄧㄝˋ
　　　a. 密合。例如：這兩個國家的關係非常密切。
　　　b. 急迫。例如：他現在迫切需要一筆錢。
　　　c.「一切」就是全部的意思。例如：一切都靠你了。

問題討論　Questions for Discussion

1. 請寫出幾種戶外活動。你認為哪一種最有趣？為什麼？
2. 為什麼服務性的休閒活動會逐漸流行起來？參加的時候要注意什麼？
3. 能達到「自己快樂別人受惠」的活動有哪些？
4. 為什麼今日世界已成為一個地球村？
5. 參加國際性公益活動有什麼好處？為什麼？

練習　Exercises

填空　Fill in the Blanks

1. 休閒活動　_____活動。

2. 建設性的活動　建設性的_____。

3. 利用時間　_____時間。

4. 影響工作　影響_____。

5. 提升品質　提升_____。

6. 社團服務　_____服務。

7. 環保勸導　環保_____。

8. 充實知識　充實_____。

第六課　休閒活動的新趨勢

改錯字　Find the Incorrect Characters

1. 聽音樂是最好的消遺方法。＿＿＿＿＿＿

2. 我不太欣常這幅名畫。＿＿＿＿＿＿

3. 空氣這麼晴淨，去慢跑吧！＿＿＿＿＿＿

4. 這種無柳的工作沒有人願意做。＿＿＿＿＿＿

5. 績極一點總比消極好。＿＿＿＿＿＿

6. 我要加入援助難民的行烈。＿＿＿＿＿＿

7. 籍去外國的機會，多交一些朋友。＿＿＿＿＿＿

8. 非洲有些地區常糟受天災。＿＿＿＿＿＿

選擇　Select the Best Word

✎ 舒服　舒適　舒展

1. 躺在海邊沙灘上真能＿＿＿＿＿＿平日勞累的精神。

✎ 提升　提到　提起

2. 有了安定的工作，就要想如何＿＿＿＿＿＿生活品質。

✎ 參觀　參與　參考

3. ＿＿＿＿＿＿有意義的活動，可使自己快樂別人受惠。

✎ 題目　問題　前提

4. 在服務社會的＿＿＿＿＿＿下，各種義務性的活動都可以參加。

✎ 維持　維修　維護

5. 環保工作包括不少主題，最重要的是＿＿＿＿＿＿自然生態。

造句　Make Sentences

1. 消遣：＿＿＿＿＿＿＿＿＿＿＿＿＿＿＿＿＿＿＿＿＿＿＿＿＿＿＿

2. 有效：＿＿＿＿＿＿＿＿＿＿＿＿＿＿＿＿＿＿＿＿＿＿＿＿＿＿＿

3. 勸導：
4. 逐漸：
5. 體驗：

閱讀與探討　　Read and Discuss

成語故事：世外桃源

　　東晉時，湖南武陵有個人，靠捕魚生活。有一天他划著小船，沿著河向前划。不知道划了多久，也不知划了多遠。忽然看見一片桃花林。河的兩岸幾百步遠的土地上都是桃樹。桃花盛開，樹下是很美的草地，風一吹來，粉紅色的桃花瓣紛紛飄落，有的落在草地上，有的落在河水裡。真美啊！他心裡更想趕快知道桃花林到底有多長，就急急地一直划，一直划，划了很久，終於划到了桃花林的盡頭，那盡頭處就是這條河的水源。有一座山，山上有個小洞，好像有亮光。於是他把船停好，下了船，走進洞裡。

　　起初洞很狹窄，只夠一個人通過，走了幾十步，忽然開闊明朗起來，眼前是一片廣大平坦的地方，房屋也很整齊，有良田、美池，還有桑樹、竹子之類的東西，田間東西、南北的小路很多，雞、狗的叫聲都可聽到，在田裡忙著耕種的男女，他們的衣著跟外面的人一樣，老人和小孩都很快樂的樣子。他們看見這位漁夫，都大吃一驚。問他從哪兒來的，他就詳細地告訴他們，於是他們就請漁夫到他們家，拿出酒，殺雞、做飯請他吃。他們說：「我們的祖先因躲避秦朝時的戰亂，帶領家人和同鄉來到這個偏僻、與外界不通的地方，不再出去了，從此就和外界隔絕了。」又問漁夫：「現

在是什麼時代?」原來他們連最接近秦朝的的漢朝都不知道,更不用說後來的魏朝和晉朝了。漁夫把他知道的都告訴他們,而且說每次改朝換代都經過了很多次戰爭,不知道死了多少人,毀壞了多少良田、家園。他們聽了都很驚訝、很感嘆。其餘的人也分別請他去家裡,都用酒、飯、菜招待他。過了幾天,漁夫要回去了,這裡的人對他說:「不要向外面的人說啊!」

漁夫出來後,找到了他的船,就順著原路划回去,處處做記號。到了城裡,去拜見地方首長,說了這件事,首長就派人跟他一起去,可是迷了路,怎麼也找不到那個地方了。有個高尚人士,叫劉子驥,聽說這件事後,很高興地計畫去找,還沒去就病死了,以後就沒有人再去找這個桃花源了。

問答:

1. 一個地方要有哪些條件,才可稱為世外桃源?
2. 你在生活中或旅遊時,發現過「世外桃源」嗎?

第七課 拒吸[1]二手菸[2]

有些菸癮大的人，早上一起床就點一根菸來吸，說是能提神醒腦；辦公時吸菸，說是能提高工作效率；寫作時吸菸，說是能招來靈感[3]；煩惱時吸菸，說是能消愁解悶；娛樂[4]時吸菸，說是能增加樂趣[5]。更常常把「飯後一根菸，賽過[6]活神仙[7]」掛在口上。吸菸真有這些好處嗎？還是他們自我安慰，把它拿來當作不願戒菸的藉口[8]呢？

吸菸污染空氣，易引起火災[9]，這是人人皆知的。而根據醫學人士證明，吸菸造成的疾病如癌症、肺氣腫[10]、氣管炎[11]等等，不論吸菸者或吸二手菸者，都有同等程度的得病機會，這真使人震驚[12]。吸菸者若得了這些疾病，無話可說，怨不得[13]別人。不吸菸的人，因別人吸菸使空氣污濁[14]，被迫[15]吸入大量「尼古丁[16]」而得了這些病，實在冤枉[17]，真是太不公平了。

在我們生活的環境中，到處都可見到販賣香菸的地方，而香菸的廣告又非常生動[18]、有吸引力[19]，再加上菸商[20]常贊助[21]各種體育活動，更令年輕一代迷惑[22]而養成[23]吸菸的壞習慣。

我們要站出來，大聲呼籲[24]「拒吸二手菸」。辦公室、電梯內、火車、汽車裡都嚴禁[25]吸菸；公共場所嚴格規定「非吸菸區」和「吸菸區」。若有違規[26]吸菸者，人人都應

該勇敢地去制止[27]他。對於下一代年輕人要多做勸導工作，灌輸[28]他們正確的知識，以維護他們的健康，防止[29]吸菸族日漸[30]增加。

總之，我們要多方努力，才能達到「拒吸二手菸」的目的。

第七課　拒吸二手菸

實用視聽華語 5

| 生詞 | New Vocabulary |

1 拒ㄐㄩˋ (jyù / jù)　　V: to refuse, to reject

她拒收我送給她的禮物，我覺得很糗。

2 二ㄦˋ手ㄕㄡˇ菸ㄧㄢ（煙ㄧㄢ、烟ㄧㄢ）(èrshǒuyān)

N: second-hand smoke (smoke one breathes as the result of someone else's cigarette smoking)

3 靈ㄌㄧㄥˊ感ㄍㄢˇ (línggǎn)　　N: inspiration

他靈感一來，一次就寫了好幾首歌。

4 娛ㄩˊ樂ㄌㄜˋ (yúlè)　　V/N/AT: an amusement, an entertainment, a recreation

(1) 每到週末，他就跟朋友到 KTV 娛樂一下。
(2) 要是不賭錢，打麻將也算是一種娛樂。
(3) 娛樂場所吸菸的人很多。

5 樂ㄌㄜˋ趣ㄑㄩˋ (lècyù / lèqù)　　N: a pleasure, an enjoyment, a joy

每到假日，就有很多人到海邊享受釣魚的樂趣。

6 賽ㄙㄞˋ過ㄍㄨㄛˋ (sàiguò)　　V: to exceed, to surpass, to overtake

她美得賽過天上的仙女。

7 活ㄏㄨㄛˊ神ㄕㄣˊ仙ㄒㄧㄢ (huóshénsiān / huóshénxiān)　　N: immortal

8 藉ㄐㄧㄝˋ口ㄎㄡˇ (jièkǒu)　　V/N: an excuse, a pretext

(1) 有些學生藉口生病，不來上課。
(2) 他找不到拒絕的藉口，只好答應。

9 火ㄏㄨㄛˇ災ㄗㄞ (huǒzāi)　　N: a fire (as a disaster)

第七課　拒吸二手菸

10 肺氣腫 (fèicjhǒng / fèiqìzhǒng)　N: lung inflammation, emphysema

11 氣管炎 (cìguǎnyán / qìguǎnyán)　N: bronchitis

12 震驚 (jhènjīng / zhènjīng)　V/SV: to astonish, to shock, to amaze

(1) 愛滋病的發現震驚了全世界。
(2) 那個國家試爆核彈，令世人震驚。

13 怨不得 (yuànbùdé)　IE: cannot blame, cannot put the blame on

字寫不好怨不得別人，只能怨自己太懶，不常練習。

14 污濁 (wūjhuó / wūzhuó)　SV: (of air, water, etc.) dirty, filthy, muddy

空氣污濁，影響健康，我們需要清新的空氣。

15 迫 (pò)　V: to force, to compel, to press

他被迫加入黑社會後，就失去了大部分的自由。

16 尼古丁 (nígǔdīng)　N: nicotine

17 冤枉 (yuānwǎng)　V/SV: to wrong (someone), to treat unjustly

(1) 我根本沒拿你的東西，別冤枉我。
(2) 這種產品對改善健康沒什麼幫助，你的錢花得真冤枉！

18 生動 (shēngdòng)　SV/AT: to be lively, vivid, eye-catching

她演講時的表情很生動，吸引了聽眾；她畫的人物也很生動，像真的一樣。

19 吸引力 (sīyǐnlì / xīyǐnlì)　N: attraction, fascination

名牌皮包對女人有很大的吸引力。

實用視聽華語 5

20 菸商 (yānshāng)   N: the cigarette business, the cigarette industry

21 贊助 (zànjhù / zànzhù)   V: to sponsor, to support, to patronize

請贊助我們拒吸二手菸的活動吧！

22 迷惑 (míhuò)   V/SV: to misguide, to delude, to confuse

(1) 他常用甜言蜜語來迷惑女孩子。
(2) 他對政治的亂象感到很迷惑。

23 養成 (yǎngchéng)   V: to form (i.e. a habit)

不要為了尋找靈感而養成吸毒的壞習慣。

24 呼籲 (hūyù)

V/N: to (formally) call for (action, efforts, etc.), to appeal for, to petition

她大聲呼籲開車的人要注意交通安全。

25 嚴禁 (yánjìn)   V: to strictly forbid, to strictly prohibit

工廠嚴禁煙火，以免發生火災。

26 違規 (wéiguēi / wéiguī)

VO: to be against regulations, to violate rules, to break laws, illegally

他常常違規停車，被開了不少罰單。

27 制止 (jhìhjhǐh / zhìzhǐ)   V: to stop, halt, curb

看見別人有不正當的行為，你敢去制止嗎？

28 灌輸 (guànshū)   V: to instill into, to imbue with

有些書籍常常灌輸讀者錯誤的觀念。

29 防止 (fángjhǐh / fángzhǐ)　V: to prevent, to guard against, to avoid

為了防止日曬，夏天出門一定要戴帽子或是打傘。

30 日漸 (rìhjiàn / rìjiàn)　A: with each passing day, day by day

愛玩電腦遊戲的人日漸增多。

成語與俗語　Proverbs and Common Sayings

1. 提神醒腦 (tíshén-sǐngnǎo / tíshén-xǐngnǎo)
   to arouse and stimulate; to invigorate and keep the mind clear
   精神不好的時候喝杯茶，可以提神醒腦。

2. 消愁解悶 (siāochóu-jiěmèn / xiāochóu-jiěmèn)
   to eliminate sorrow and dissipate worry, to cheer up
   跟朋友聊天、看喜劇電影都是消愁解悶的辦法。

3. 自我安慰 (zìhwǒ-ānwèi / zìwǒ-ānwèi)
   to comfort oneself, to console oneself, to reassure oneself
   「船到橋頭自然直」是自我安慰的話。

句型　Sentence Patterns

1. 把……掛在口上
   to make ...... as a pet phrase; to say something repeatedly

   (1) 他常把「活到老學到老」掛在口上，勸人吸收新知。
   (2) 老是把「不好意思」掛在口上的人很客氣。
   (3) 便利商店的店員把「歡迎光臨」掛在口上。

2. 不論……（都）有同等的……
   No matter whether it is (X or Y) ...... they all have the same ...... ;
   No matter ...... they all have the same ......

   (1) 不論男人或女人，都有同等的受教育機會。
   (2) 不論東方人或西方人，都有同等的學習能力。
   (3) 我院子裡不論什麼花，都有同等的生長空間。

3. 被迫
   to be compelled or forced to

   (1) 那班飛機晚到了，旅客被迫睡在機場。
   (2) 壞學生打架鬧事違反校規，被迫退學。
   (3) 他因皮包被偷，被迫向當地的警察求助。

4. 若有……應該……
   If there is ...... then one should ......;
   If there are ...... then one ought to ......

   (1) 若有不排隊買票的人，我們應該去制止他。
   (2) 坐捷運時，若有老人上車，應該讓座。
   (3) 若有人誇獎你，應該謙虛地說：您過獎了。

5. 要……才能
   X must ...... then X can ...... ;
   X will need to ...... then X will be able to

   (1) 你要不斷努力，才能學好中文。
   (2) 我們要合作，才能達到目的。
   (3) 他要改掉壞習慣，才能找到好工作。

問題討論　Questions for Discussion

1. 談談吸菸和吸入二手菸的害處。
2. 政府可用哪些方法來防止吸菸族日漸增加？
3. 愛吸菸的人易得什麼病？
4. 談談你自己吸菸、戒菸的經驗。
5. 談談你對青少年吸菸的看法。

第七課　拒吸二手菸

練習　　Exercises

填空　Use the Following to Fill in the Blanks

✎ 看電影　聽音樂　做早操　約好友作伴　不聊天

1. 早上一起床就 _____ ，說是能提神醒腦。

2. 辦公時 _____ ，說是能提高工作效率。

3. 寫作時 _____ ，說是能招來靈感。

4. 煩惱時 _____ ，說是能消愁解悶。

5. 娛樂時 _____ ，說是能增加樂趣。

生詞複習　Vocabulary Review

例：吸菸污染空氣，這是人人皆知的。

1. 吸菸易引起 _____ ，這是人人皆知的。

2. 吸菸造成的疾病如 _____ 、_____ 、_____ 這是人人皆知的。

3. 吸菸吸入大量 _____ ，這是人人皆知的。

4. 香菸廣告生動，令年輕人 _____ ，這是人人皆知的。

5. 辦公室、電梯內、火車、汽車裡 _____ ，才能達到「拒吸二手菸」的目的。

6. 公共場所嚴格規定 _____ 和 _____ ，才能達到「拒吸二手菸」的目的。

7. 若有違規吸菸者應該 _____ 他，才能達到「拒吸二手菸」的目的。

8. 對於下一代年輕人要多 _____ ，才能防止吸菸族日漸增加。

閱讀與探討　Read and Discuss

一、在銀行

劇中人：

　　男客戶　（男）　約五十歲
　　銀行職員（員）　約三十歲
　　女客戶　（女）　約四十五歲

男：（口中啣根菸）先生，請問在貴行存款有什麼手續？
員：我們手續很簡單，你只要填個申請書（咳嗽），帶你的身分證明文件、圖章……（咳嗽）
男：噢！你感冒了，現在流行感冒來勢洶洶，很容易傳染呀！
員：不是，是你的香菸熏的啊！請把菸熄掉，再來辦手續，好不好？
男：我來銀行存款，是你們的客人，你們還管那麼多啊！
員：（一臉無奈）對不起，為了怕影響別人，我們這裡是禁止抽菸的。
男：我抽菸是我個人的自由。
女：喂！先生，你這樣說就是強詞奪理了。這裡是銀行，是公共場所，不是你一個人的世界。你站在我前面抽菸，我剛好站在你後面吸二手菸，我也受不了啊！
員：先生，對不起！這是銀行的規定。

男：好吧！好吧！

問答：

1. 在公共場所抽菸會造成什麼影響？
2. 如果你遇上這種人，會怎麼勸導他？

二、在冷飲店

劇中人：

　　父親（父）　約四十歲

　　女兒（女）　約十歲

父：先坐下歇歇，逛都逛累了。我們就在這兒等你媽吧！她一逛百貨公司，東看西看至少得一個多鐘頭，讓她一個人去逛。唉！累死了，先抽根菸。

女：爸，我要一份香蕉船，你呢？

父：我就喝杯冰咖啡吧！

（點上菸，立刻吞雲吐霧一番，十分愜意的樣子）

女：唉喲！爸！你看！那邊牆上貼的那張是禁菸標誌呢！爸！你看！人家都在看你抽菸呢！快別抽了，（咳一兩聲）下次不跟你出來玩了。媽還不來，我都想回家了，跟爸出來真沒面子。

父：好啦！好啦！小囉唆婆，管東管西，管到老爸頭上來了。不管怎麼樣，這根抽完再說。

女：我看你還沒抽完，就會有人來說話了，誰願意在這兒吸你的二手菸呢！

爸：唉！好，好，不抽了，行吧？

98

第七課　拒吸二手菸

問答：

1. 你看過哪些禁菸標誌？
2. 你覺得還有哪些公共場所也應該禁菸？

第八課 單親家庭

　　所謂「單親家庭」，是指夫妻因離婚、分居、死亡、遺棄[1]、服刑[2]等原因，而造成雙親之一單獨與子女生活的家庭。此外，未婚生子，或是出於個人選擇的不婚生子，也會製造單親家庭。

　　現代人大部分都改變了以往的刻板[3]印象，能夠了解單親家庭不是破碎[4]家庭，更不一定會過不幸的生活，只要單親父母面對問題，重新[5]安排生活，家人仍能過得自在而有意義。

　　過去離婚的婦女，除了夫妻分離的痛苦，也可能因此要忍痛[6]離開子女，有時還得面對社會異樣[7]的眼光。現在離婚的人多了，社會不再歧視她們，有些人還自動放棄孩子，享受自由。不過大部分離婚的婦女，仍然要獨力撫養[8]孩子。如果原來就是職業婦女，雖有工作能力，但因家中少了一份收入，經濟上可能面臨[9]一些難題；若是家庭主婦，則可能因此不得不出外工作而增加生活的壓力。至於喪偶[10]的妻子，要承受[11]莫大[12]的傷痛，必須付出更大的心力來克服[13]一切。

　　單親爸爸有兩種情況，一種人忙著約會，希望女友可以分擔[14]照顧孩子的責任，有的人甚至把這種責任完全丟給女友。另一種人往往害怕讓孩子受到傷害，因此除非時機[15]成熟[16]，他不願女友出現在孩子面前。有些離婚的單親爸爸，還要付贍養費[17]，這種經濟壓力顯然[18]會促使[19]他們逃避婚

姻。

　　遭遇困難的人與其痛苦生活,不如選擇接受事實,面對問題。單親父母首先應該學習處理自己的情緒,給自己成長的機會。要是情緒不穩定[20],體力難以負擔,最好先把孩子托給親人照顧一陣子,坦然[21]接受朋友、同事精神上的支持與幫助,或是找專業的輔導機構[22],尋求適應生活的方法。

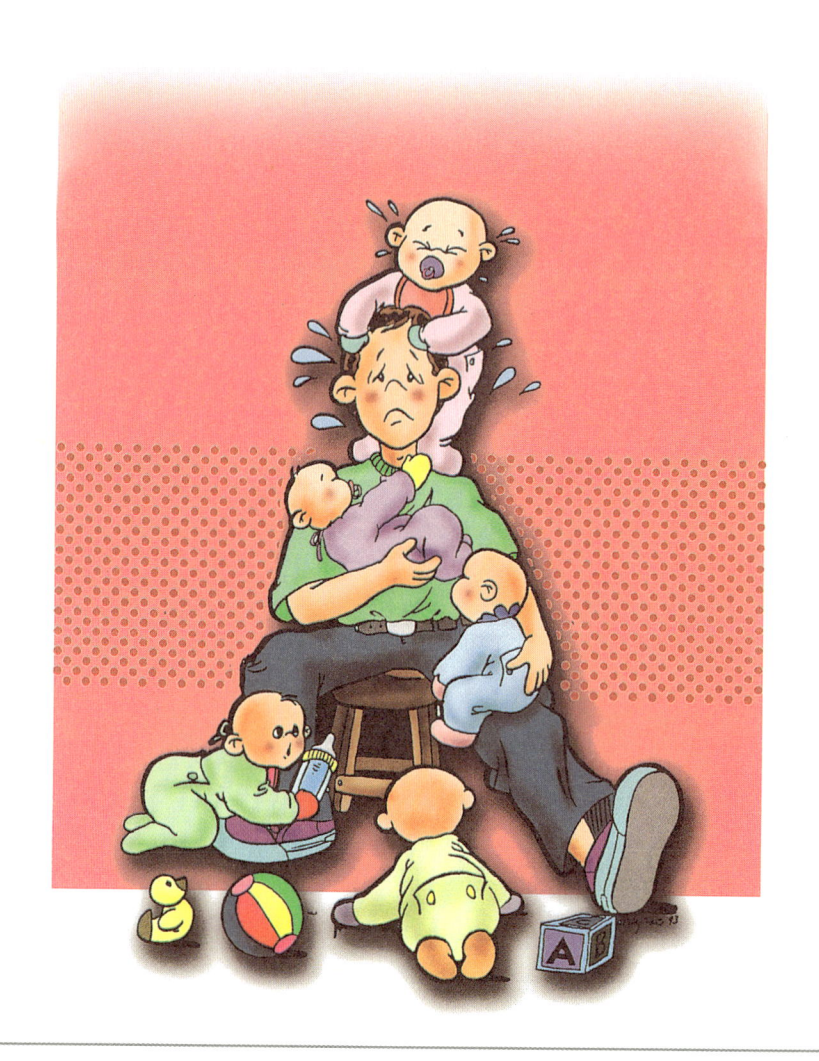

另外，根據自己的體能、時間、個性和條件，參與適當的社會團體或學習技藝[23]，都能讓自己成長。

在家庭中，單親父母既失去另一半來共同教養子女，又要對孩子付出更多的愛，免得他們的情緒[24]和行為因失去父親或母親的打擊[25]而受到影響，因此在適應的初期階段是非常辛苦的。經過一段時間的調適[26]以後，父母親就要以平常心面對子女，不能因可憐孩子而過度[27]寵愛[28]，或用物質彌補[29]，這樣孩子才能正常成長。

總之，單親父母應該先學習讓自己獨立，再處理前次婚姻留下的創痛[30]，遇到適合對象，仍可再開創[31]自己的第二春[32]。

■圖片提供：劉欣怡

生詞 New Vocabulary

1 遺棄 (yícì / yíqì) V: to abandon; to forsake; to leave uncared for

遺棄妻子、孩子或父母,在法律上都有罪。

2 服刑 (fúsíng / fúxíng) VO: to serve a prison term

他犯了偷竊罪,現在正在服刑。

3 刻板 (kèbǎn) AT/SV: stereotype; inflexible

(1) 一般人對各行各業都有一些刻板印象,比方說認為老師都戴著眼鏡。
(2) 有些人的思想觀念和做事的方法非常刻板,一成不變。

4 破碎 (pòsuèi / pòsuì) SV/AT: to be (to get) broken, shattered

(1) 他帶著一顆破碎的心離開了。
(2) 單親家庭不一定是破碎家庭。

5 重新 (chóngsīn / chóngxīn) A: to restart

失敗了不要放棄,應該重新再來。

6 忍痛 (rěntòng) A/VO: very reluctantly; with great reservations

(1) 他需要付一大筆醫藥費,只好忍痛把最心愛的畫賣了。
(2) 車禍受傷後,他每天都要忍著痛到醫院去復健。

7 異樣 (yìyàng) AT/N: different; unusual

(1) 她理了一個大光頭,難怪別人用異樣的眼光看她。
(2) 我起初並沒有發現什麼異樣,後來才知道竊賊來過了。

8 撫養 (fǔyǎng) V: to raise

由於父母親都在服刑,孩子由祖父母撫養。

9 面臨 (miànlín)   V: to be faced with; to be confronted with; to be up against

這個剛獨立的國家面臨經濟困難的問題。

10 喪偶 (sàngǒu)   VO: to lose a spouse, to become a widow or a widower

老年喪偶的人特別孤單。

11 承受 (chéngshòu)   V: to bear; to sustain

大地震以後,很多人得承受親人死亡的痛苦。

12 莫大 (mòdà)   SV: greatest; utmost

奪得奧運會的金牌是莫大的光榮。

13 克服 (kèfú)   V: to overcome; to conquer; to surmount

他終於克服一切困難,爬上世界最高峰。

14 分擔 (fēndān)   V: to split responsibility; the share a burden

養育孩子的工作應由父母二人分擔。

15 時機 (shíhjī / shíjī)   N: an opportunity; a chance; an opportune moment

春天正是種花的好時機。

16 成熟 (chéngshóu)   V/SV: to ripen, mature

(1) 人民生活水準提高,發展旅遊事業的時機已經成熟了。
(2) 這只是一些不成熟的看法,請你多多指教。

17 贍養費 (shànyǎngfèi)

N: alimony, money payed to a divorced spouse (often for child support)

實用視聽華語 5

18 顯然 (siǎnrán / xiǎnrán)　　A: obviously; evidently

有了捷運以後,這一帶的交通顯然改善了很多。

19 促使 (cùshǐh / cùshǐ)　　V: to encourage; to impel; to spur on

得到肺癌的危險促使他戒菸。

20 穩定 (wěndìng)　　SV/V: stable, steady; to stabilize

(1) 由於政治穩定,經濟發展也相當穩定。
(2) 家人的陪伴與照顧可以穩定病人的情緒。

21 坦然 (tǎnrán)　　A/SV: to calmly do something

(1) 孩子承認自己做錯了事,坦然地接受處罰。
(2) 他認為自己是無罪的,因此面對大眾,十分坦然。

22 機構 (jīgòu)　　N: an institute; an organization

23 技藝 (jìyì)　　N: a skill

學習插花、美容、餐飲、髮型設計等技藝都很實用。

24 情緒 (cíngsyù / qíngxù)　　N: mood; morale; spirit

25 打擊 (dǎjí)　　N/V: (a) a blow; an attack (b) to strike; to hit; to attack

(1) 由於受不了先生外遇的打擊,她快要精神失常了。
(2) 一連幾件不幸的事打擊他,他內心痛苦萬分。

26 調適 (tiáoshìh / tiáoshì)

V: to pripare; to brace; to collect; to adjust; to adapt

他調適自己的身心,來面對新的挑戰。

27 過度 (guòdù)

A: excessive; undue; too much; over- (i.e., over-eating, over-sleeping, etc.)

由於過度緊張,他在音樂會上的表現並不理想。

28 寵愛 (chǒngài)　V: to dote on; to make a pet of somebody

現代的家庭孩子比以前少,父母比較寵愛孩子。

29 彌補 (míbǔ)

V: to remedy; to make good; to make up (after a fight); to make retribution

做錯了事、說錯了話,都要想法子彌補。

30 創痛 (chuāngtòng)　N: an emotional hurt, an emotional wound

心理上的創痛往往比身體上的更令人痛苦。

31 開創 (kāichuàng)　V: to initiate; to start

開創新的事業就是創業。

32 第二春 (dièrchūn)　N: a second spring; a rebirth; a second chance

婚姻或事業都可能有第二春。

句型　Sentence Patterns

1. 所謂……是指……
   the so called ...... is meant to mean ......;
   this so called ...... is supposed to signify ......;
   By saying ...... we mean to say ......

   (1) 所謂贍養費是指離婚以後付給對方的生活費。
   (2) 所謂單身貴族是指沒結婚、收入不錯的人。
   (3) 所謂第二春是指第二次結婚。

2. 只要……仍能……
   only needs to ...... still can ....;
   only requires that ...... then stlll can be able to ......

   (1) 晚入學的學生，只要努力，仍能趕上同學。
   (2) 只要每天運動，雖然年紀大了，仍能保持身體的健康。
   (3) 有酒癮的人，只要改掉壞習慣，仍能過正常的生活。

3. 則
   however; on the other hand

   (1) 以前的人用異樣的眼光看離婚的人，現在則不同了。
   (2) 他的情緒不穩定，有時很開心，有時則惶恐不安。
   (3) 一般大學是正規教育，空中大學則是成人教育。

4. 要是……最好先……
   If ...... it would be best to first ......

   (1) 學生要是想學書法，最好先買一枝好毛筆。
   (2) 你要是向她求婚，最好先送她一束玫瑰花。
   (3) 你要是想爬那座高山，最好先接受野外求生的訓練。

字音辨識　Characters with Multiple Pronunciations and Meanings

1. 喪
   (1) sāng　ㄙㄤ
       埋葬死人的事。例如：我們已經辦完了爺爺的喪事。
   (2) sàng　ㄙㄤˋ
       失去。例如：不要因為一時的失敗而喪失鬥志。

2. 擔
   (1) dān　ㄉㄢ
       a. 負責。例如：這學期由他擔任班長；公司的負責人要承擔一切責任。
       b. 用肩挑。例如：有些地方的人還要擔水來洗衣、做飯。
   (2) dàn　ㄉㄢˋ
       挑東西的用具，引申為負擔。例如：這個擔子誰來挑？生活的重擔給他帶來很大的壓力。

3. 調
   (1) tiáo　ㄊㄧㄠˊ
       和合。例如：這幅畫的色彩十分調和；換了新環境以後，心理上需要重新調適。
   (2) diào　ㄉㄧㄠˋ
       音樂的聲律。例如：這首歌的曲調很優美。

4. 創
   (1) chuāng　ㄔㄨㄤ
       傷。例如：他因為車禍受傷，創口已經發炎了；和男友分手以後，她內心的創痛沒有人能了解。
   (2) chuàng　ㄔㄨㄤˋ
       開始。例如：運動員都想創造新的世界紀錄。

問題討論　Questions for Discussion

1. 現代社會中，造成單親家庭的原因以什麼為最常見？
2. 過去和現在的社會對離婚的婦女怎麼看待？
3. 父母離婚後，會對孩子造成什麼影響？
4. 單親父母應該怎樣讓自己成長？
5. 單親爸爸還是單親媽媽比較容易找到第二春？為什麼？

練習　Exercises

▼ 選擇相反詞　Select the Word with the Opposite Meaning

1. 破碎：_____　　a. 完整　　b. 一半　　c. 弄壞
2. 面對：_____　　a. 反對　　b. 面臨　　c. 逃避
3. 忍痛：_____　　a. 被迫　　b. 樂意　　c. 忍耐
4. 克服：_____　　a. 屈服　　b. 戰勝　　c. 困難
5. 穩定：_____　　a. 動搖　　b. 安定　　c. 隱藏

6. 過度：＿＿＿＿　　a. 過分　　b. 正當　　c. 適當

▼ 選擇相似詞　Select the Word with a Similar Meaning

1. 自在：＿＿＿＿　　a. 自由　　b. 隨時　　c. 美妙
2. 承擔：＿＿＿＿　　a. 重擔　　b. 分享　　c. 負擔
3. 處理：＿＿＿＿　　a. 辦理　　b. 整理　　c. 修理
4. 一陣子：＿＿＿＿　a. 一陣風　b. 短時間　c. 長時間
5. 彌補：＿＿＿＿　　a. 補習　　b. 補洞　　c. 補救
6. 適當：＿＿＿＿　　a. 合適　　b. 舒適　　c. 適應

▼ 造句　Make Sentences

1. 破碎：＿＿＿＿＿＿＿＿＿＿＿＿＿＿＿＿＿＿＿＿＿＿＿＿＿
2. 克服：＿＿＿＿＿＿＿＿＿＿＿＿＿＿＿＿＿＿＿＿＿＿＿＿＿
3. 坦然：＿＿＿＿＿＿＿＿＿＿＿＿＿＿＿＿＿＿＿＿＿＿＿＿＿
4. 分擔：＿＿＿＿＿＿＿＿＿＿＿＿＿＿＿＿＿＿＿＿＿＿＿＿＿
5. 促使：＿＿＿＿＿＿＿＿＿＿＿＿＿＿＿＿＿＿＿＿＿＿＿＿＿

閱讀與探討　Read and Discuss

單親媽媽烘焙店

　　染了金髮，打扮時髦，笑容很燦爛的李欣，充滿自信，看起來一點也不像一般人刻板印象中，愁容滿面的單親媽媽。她常常在一群單親媽媽合開的烘焙店裡，坦然地跟顧客談起過去，語氣平靜得像在說別人的故事。

　　十二年前，她與前夫在臺北相戀，不久就由臺中嫁到花蓮。婚後三個月，她發現丈夫動不動就生氣，還會摔碎碗盤、破壞家具。為了雙胞胎兒子，她忍耐了三年。直到丈夫動手打她，她才覺悟：這樣下去，不但傷害自己，孩子也生活在恐懼中，無法正常成長。於是抱著孩子逃回娘家，拖到隔年，終於離了婚。

　　離婚後，李欣接受兒童福利中心的協助，找到「家事管理」的工作，替人打掃，賺些生活費。她也加入烘焙班，學習製造點心、蛋糕，希望增加收入，讓孩子過得好一點。由於雙胞胎兒子不喜歡吃青菜，她靈機一動，把各種蔬菜打碎，加入麵團，做成蔬菜蛋糕，讓孩子吃得開心，吃得健康。

　　做點心的技術成熟以後，李欣加入「單親媽媽烘焙店」的行列，在烘烤蛋糕時，找回了勇氣與信心。因為雙胞胎兒子在學校的成績，都名列前茅，一點也不用她擔心，最近她

還打算學習國際標準舞蹈和吉他,讓自己的生活更多采多姿。

　　李欣克服了種種困難,使生活過得自在,日子充滿希望。從她的故事來看,誰說單親家庭不快樂呢?

問答:

1. 李欣給人的印象怎麼樣?
2. 她為什麼會離婚?
3. 李欣的家庭快樂嗎?為什麼?

佳文欣賞

我的母親

胡適

　　我母親二十三歲做了寡婦，又是當家的後母。這種生活的痛苦，我的笨筆寫不出一萬分之一二。家中財政本不寬裕，全靠二哥在上海經營調度。大哥從小就是敗子，吸鴉片、賭博，錢到手就光，光了就回家打主意，見了香爐就拿出去賣，撈著錫茶壺就拿出去押。我母親幾次邀了本家長輩來，給他定下每月用費的總目。但他總不夠用，到處都欠下了煙債、賭債。每年除夕，我家中總有一大群討債的，每人一盞燈籠，坐在大廳上不肯去。大哥早已避出去了。大廳的兩排椅子上，滿滿的都是燈籠和債主。我母親走進走出，料理年夜飯、謝灶神、壓歲錢等事，只當做不曾看見這一群人。到了近半夜，快要「封門」了，我母親才走後門出去，央一位鄰舍本家到我家來，每一家債戶開發一點錢。做好做歹的，這一群討債的才一個一個提著燈籠走出去。一會兒，大哥敲門回來了。我母親從不罵他一句。並且因為是新年，她臉上從不露出一點怒色。這樣的過年，我過了六七次。

　　大嫂是個最無能而又最不懂事的人，二嫂是個很能幹而氣量很窄小的人。她們常常鬧意見，只因為我母親的和氣榜

樣，她們還不曾有公然相罵相打的事。她們鬧氣時，只是不說話，不答話，把臉放下來，叫人難看；二嫂生氣時臉色變青，更是怕人。她們對我母親鬧氣時也是如此。我起初全不懂得這一套，後來也漸漸懂得看人的臉色了。我漸漸明白，世間最可厭惡的事，莫如一張生氣的臉；世間最下流的事，莫如把生氣的臉擺給旁人看。這比打罵還難受。

　　我母親的氣量大，性子好，又因為做了後母後婆，她更事事留心，事事格外容忍。大哥的女兒比我小一歲，她的飲食衣料總是和我的一樣。我和她有小爭執，總是我吃虧，母親總是責備我，要我事事讓她。後來大嫂二嫂都生了兒子了，她們生氣時便打罵孩子來出氣，一面打，一面用尖刻有刺的話罵給別人聽。我母親只裝做不聽見。有時候，她實在忍不住了，便悄悄走出門去，或到左鄰立大孃家去坐一會，或走後門到後鄰度嫂家去閒談。她從不和兩個嫂子吵一句嘴。

第九課　青壯年的生活觀[1]

　　人的一生當中，由二十五歲到四十歲之間，俗稱青壯年時期。二十五歲正是年輕人由大學畢業，各奔前程的年紀，也是踏入社會的起點。具有[2]不同個性、特質[3]的男女，自此時起，藉由工作、深造[4]、擇偶[5]、結婚、生子、創業，開始人生中最重要的旅途[6]。一般人找到第一份工作，完成終身大事，初次為人父母，擁有[7]第一棟房子，都在這個階段發生，所以也稱為生命中的黃金時段。然而不同年紀的人，各有他們所操心[8]的事情，而背後也隱藏[9]著一些問題和危機[10]。

　　青壯年時期，無論已婚、未婚，都免不了有煩惱。已婚者可能因為婚後生活平淡無趣而有「七年之癢」，也就是有外遇。未婚者則可能在擇偶時非常挑剔[11]，不易找到滿意的對象；有些人甚至不想結婚，寧願當一輩子的單身貴族。其實單身者不妨[12]修正[13]自己的擇偶條件，這樣給自己機會也給別人機會，才有希望步上結婚禮堂。結婚可能會促成[14]男女雙方個性的改變，有助於婚姻的和諧與美滿[15]，因此未婚者不必過於擔心。

　　俗語說：「男怕入錯行」，男性在選擇職業、投入工作上，往往比女性遭遇更多的困擾，易產生無成就感[16]、失去信心、想要跳槽[17]的危機。遇此情況，如果能明白知足常樂的道理，又能忍耐，就不至於失去信心或隨意跳槽。而長期

從事同樣的工作，累積[18]的經驗會使人有成就感，不斷地增強信心。在現代社會，職業婦女也可能面對同樣的問題。

另外，已婚的男性要多看親職教育的書，學習如何教養子女，並且多花時間與子女相處；除了專業知識以外，也要多探觸[19]其他的領域[20]，增廣見聞。女性則不要以家庭主婦的身分畫地自限，放棄婚前的工作和人際關係，把自己關在廚房；應嘗試在家工作，或等子女長大以後二度就業[21]。如有

婆媳[22]問題，只要雙方有誠意[23]溝通，就能改善彼此[24]之間的關係。而一個人不事事求完美，便可以過得更快樂一點。

至於經濟方面，從婚前男女雙方各有固定[25]的收入，經濟獨立，到婚後組織小家庭，生兒育女，現實生活中的各項[26]開支[27]都增加了；有時還會面臨錢幣貶值[28]的危機。因此，一般薪水階級常無力購屋，飽受無住屋之苦。若懂得量入為出，當用則用，當省則省，多少能有一點儲蓄[29]，以備不時之需，或是做購屋的打算，是最理想的。

在青壯年時期，不論問題是大是小，危機是否嚴重，都要坦然面對，設法[30]解決，才能順利成功。

生詞　　New Vocabulary

1. **生活觀** (shēnghuóguān)　N: attitude towards life; lifestyle

2. **具有** (jyùyǒu / jùyǒu)　V: to possess; to have

   故宮博物院的書畫具有很高的藝術價值。

3. **特質** (tèjhíh / tèzhí)　N: characteristics; peculiarities; special qualities

4. **深造** (shēnzào)
   V: to take advanced level training; to take an advenced course of study

   他大學畢業後進研究所深造。

5. **擇偶** (zéǒu)　VO: to select a spouse; to select a mate

   如何擇偶是青年男女關心的問題。

6. **旅途** (lyǔtú / lǚtú)　N: a journey; a trip

   遊客出發以前,朋友都會祝他旅途平安。

7. **擁有** (yǒngyǒu)　V: to possess; to have; to own

   他擁有三家公司,是個成功的商人。

8. **操心** (cāosīn / cāoxīn)　VO: to feel concern; to worry about

   (1) 父母總是為他們的子女操心。
   (2) 這件事他們會自己處理,你操什麼心啊?

9. **隱藏** (yǐncáng)　V: to hide; to conceal

   有些人總是隱藏他們內心的想法,不表示意見。

第九課　青壯年的生活觀

10　危機 (wéijī)　N: a crisis

11　挑剔 (tiāotī)　V: to nitpick; to find fault with somebody or something

連這麼高級的茶葉你都覺得不夠好，你太挑剔了吧！

12　不妨 (bùfáng)　A: might as well; there is no harm in

要想了解每課書的內容，不妨多查字典。

13　修正 (siōujhèng / xiūzhèng)　V: to revise; to ammend

你對金錢的看法必須修正一下；金錢不一定是萬能的。

14　促成 (cùchéng)　V: to help bring about; to help cause

共同的利益促成兩國的合作。

15　美滿 (měimǎn)　SV/AT: to be perfectly satisfactory; happy; sweet

(1) 他們一家五口，生活非常美滿。
(2) 美滿的婚姻靠互愛、互信。

16　成就感 (chéngjiòugǎn / chéngjiùgǎn)　N: feeling of accomplishment; feeling of success

17　跳槽 (tiàocáo)　VO: to get a new job; to abandon one occupation in favor of another

你常常跳槽，別人會覺得你不可靠。

18　累積 (lěijī)　V/N: (a) to accumulate (b) an accumulation

(1) 一個人累積多年的經驗是很寶貴的。
(2) 壓力的累積會讓人受不了。

19　探觸 (tànchù)　V: to work one's way through; to work out; to explore

119

這門學問我還沒探觸過，所以完全不懂。

20 領域 (lǐngyù) N: a territory; a domain; a sphere; a realm; a field

21 二度就業 (èrdùjiòuyè / èrdùjiùyè) V/N: re-employment

(1) 孩子大了以後，她想要二度就業。
(2) 對已婚的女性來說，二度就業並不容易。
(3) 這是他第二度來到臺灣。
(4) 大學畢業後往往會面臨繼續深造或是就業的選擇。

22 婆媳 (pósí / póxí)

N: mother-in-law and daughter-in-law (a woman and her son's wife)

所謂婆媳，是指婆婆和媳婦。

23 誠意 (chéngyì) N: sincerity

道歉的時候必須有誠意，別人才會接受。

24 彼此 (bǐcǐh / bǐcǐ) PN: each other; mutual

(1) 他們彼此都擁有美滿的婚姻，卻發生了婚外情。
(2) 朋友之間應該彼此了解，互相幫助。

25 固定 (gùdìng) SV/V: to fix; regularize; stabilize

(1) 他沒有固定的工作，所以生活不安定。
(2) 公司休假的時間已經固定下來了，不能改變。

26 項 (siàng / xiàng) M: an item

奧運會中的每一項比賽，都各有各的規定。

27 開支 (kāijhīh / kāizhī) N: expenses; expenditure; spending

開支是指「開銷」和「支出」，有花費金錢的意思。

28 貶值 (biǎnjhíh / biǎnzhí)

VO: (of currency) to depreciate; to devaluate; devaluation; depreciation

美元貶值了,日圓升值了。

29 儲蓄 (chúsyù / chúxù)

V/N: (a) to save; to deposit (b) savings; a deposit

(1) 從小就養成儲蓄的習慣是很好的。
(2) 這些小學生人人都有一筆儲蓄。

30 設法 (shèfǎ)

V: to come up with a way to

警察應該設法查出竊賊怎麼處理偷來的東西。

成語與俗語 | Proverbs and Common Sayings

1. 各奔前程 (gèbēn-ciánchéng / gèbēn-qiánchéng)

Each pursues his own distinct goal (without caring about others' affairs); every man for himself

大學畢業後,大家各奔前程,很難見面了。

2. 終身大事 (jhōngshēn-dàshìh / zhōngshēn-dàshì)

A great event affecting one's whole life (especially referring to marriage); A turning-point in one's life

結婚是一個人的終身大事。

3. 黃金時段 (huángjīn-shíhduàn / huángjīn-shíduàn)

prime time; the best time; the best period of time

每晚八點鐘是電視節目的黃金時段。

4. 男怕入錯行 (nán-pà-rù-cuò-háng)

Men fear entering the wrong profession; Men fear getting into the wrong line of business.

「男怕入錯行」就是男人怕做一種不適合他或不理想的工作。

5. 知足常樂 (jhīhzú-chánglè / zhīzú-chánglè)
   Contentment brings happiness; to find happiness by being content with what one has; to be content (and therefore happy) with one's lot in life

   知足常樂的人從來不抱怨。

6. 畫地自限 (huàdì-zìhsiàn / huàdì-zìxiàn)
   to try to limit oneself; to impose restrictions on oneself

   人要相信自己有無限發展的可能，千萬不要畫地自限。

7. 量入為出 (liàngrù-wéichū)
   to regulate expenses according to income; to limit one's expenses

   收入不多的人最好量入為出，免得需要向別人借錢。

8. 以備不時之需 (yǐbèibùshíhjhīhsyū / yǐbèibùshízhīxū)
   to prepare for the unexpected (with money); to save against any eventuality

   我們每個月都要儲蓄一點錢，以備不時之需。

句型　　Sentence Patterns

1. 藉由……開始……
   …… by means of …… was able to begin …… ;
   …… by relying on …… began to …… ;
   …… on the strength of …… got a chance to begin ……

   (1) 他藉由朋友的介紹，開始工作。
   (2) 王先生藉由家人的幫助，開始創業。
   (3) 她藉由老師的引導，開始學油畫。

2. 有助於
   to be good for; to help to

   (1) 正面的思考有助於事情順利成功。
   (2) 彼此溝通有助於雙方的了解。
   (3) 聆聽美妙的音樂有助於穩定情緒。

3. 如果……又……就不至於
   If ...... as well as ...... then there is no way that ...... ;
   If ...... and in addition ...... then it is not possible that ......

   (1) 如果你能戒菸，又不喝酒，你太太就不至於生氣了。
   (2) 如果你每天來上課，又常複習，就不至於考不及格了。
   (3) 他如果早一點起來，走路又快一點，就不至於遲到了。

4. 飽受……之苦
   to suffer from

   (1) 這條道路車輛很多，上下班時間搭公車的人飽受塞車之苦。
   (2) 颱風季節時常停電、停水，居民飽受無水電可用之苦。
   (3) 遭受天災人禍的地區，人民飽受飢餓之苦。

字音辨識　Characters with Multiple Pronunciations and Meanings

1. 稱 (1) chēng ㄔㄥ
      a. 叫。例如：他的年紀最大，我們稱他為大哥。
      b. 用秤量輕重。例如：這些水果請你稱稱看有多重。
      c. 讚美。例如：人人都稱讚這部電影的女主角演技好。
   (2) chèng ㄔㄥˋ
      a. 同秤。量輕重之物。例如：現在流行有數字的電子稱（秤）。
      b. 適合。例如：他工作的時候，又細心又負責，是個稱職的職員。
   (3) chèn ㄔㄣˋ
      合意。例如：終於買到了理想的房子，讓他覺得稱心如意。

2. 背 (1) bēi ㄅㄟ
      負荷。例如：現代人不會用異樣的眼光看背著小孩的爸爸。

(2) bèi ㄅㄟˋ
   a. 胸的後面。例如：他在沙灘玩了一下午，背部都曬黑了。
   b. 違反。例如：這些選手用不正當的方法贏了球賽，違背運動精神。

3. 處 (1) chǔ ㄔㄨˇ
   a. 共同工作或生活。例如：她們婆媳之間處得很好。
   b. 辦理。例如：若是有人報案，警察必須趕快處理。
   (2) chù ㄔㄨˋ 地方。
   例如：他在禁止吸菸的大樓找不到一個可以吸菸的處所。

4. 應 (1) yīng ㄧㄥ
   該當。例如：跳槽以前應該多多考慮，以免後悔。
   (2) yìng ㄧㄥˋ
   a. 對答。例如：顧客的要求很多，他一個人實在應付不來。
   b. 允許。例如：父親答應孩子這個週末可以晚點兒回家。

5. 分 (1) fen ㄈㄣ
   a. 離開。例如：戰爭的時候，很多家庭飽受分離之苦。
   b. 時間的單位。例如：打字高手一分鐘能打多少字？
   (2) fèn ㄈㄣˋ
   各自所佔的範圍。例如：念書是學生應盡的本分。

6. 累 (1) lěi ㄌㄟˇ
   積聚。例如：他的集郵冊累積起來有一大箱。
   (2) lèi ㄌㄟˋ
   疲勞。例如：由於工作過度勞累，他的身體受不了。
   (3) léi ㄌㄟˊ
   拖累、麻煩。例如：旅行的時候帶太多行李，會覺得很累贅。

問題討論　Questions for Discussion

1. 為什麼二十五歲到四十歲是一個人的黃金時段？
2. 你認為單身貴族的生活怎麼樣？
3. 你認為一個家庭有幾個子女最好？
4. 事事求完美的人快樂嗎？為什麼？
5. 青壯年時期的男人和女人應該注意什麼？

第九課　青壯年的生活觀

練習　Exercises

選擇　Select the Correct Meaning

1. 擇　偶
   a. 選好的數字
   b. 選好的職業
   c. 選好的先生或太太

2. 創　業
   a. 在別人公司幫忙
   b. 正在找工作
   c. 開創事業

3. 七年之癢
   a. 身體有七年的皮膚病
   b. 夫妻結婚一段時期後，有膩了的感覺
   c. 夫妻結婚七年後，要開創新事業

4. 跳　槽
   a. 不滿意目前的工作，換個新工作
   b. 是一種跳舞方式
   c. 跳到水槽裡

5. 人際關係
   a. 跟朋友的關係不好
   b. 人與人之間的來往
   c. 跟人有親屬關係

6. 錢幣貶值
   a. 錢幣越來越能買更多的東西
   b. 錢幣越來越不能買更多的東西
   c. 錢幣一直能買一樣多的東西

7. 終身大事
   a. 人臨死時的情形
   b. 也就是婚姻
   c. 形容一個人事業有成就

8. 量入為出
   a. 收入不多，支出卻很多
   b. 收入不少，支出也不少
   c. 有多少收入，才支出多少

改錯字　Correct the Incorrect Characters

1. 背後也穩藏了一些危機。＿＿＿＿＿＿

125

2. 二十五歲是年青人踏入社會的起點。＿＿＿＿＿＿＿

3. 女性不要以家庭主婦的身分書地自限。＿＿＿＿＿＿＿

4. 個性的改變有助於婚姻的和皆美滿。＿＿＿＿＿＿＿

5. 應保持活潑的心思，去探獨其他的領域。＿＿＿＿＿＿＿

造句　Make Sentences

1. 操心：＿＿＿＿＿＿＿＿＿＿＿＿＿＿＿＿＿＿＿＿＿＿＿＿＿＿＿

2. 不妨：＿＿＿＿＿＿＿＿＿＿＿＿＿＿＿＿＿＿＿＿＿＿＿＿＿＿＿

3. 累積：＿＿＿＿＿＿＿＿＿＿＿＿＿＿＿＿＿＿＿＿＿＿＿＿＿＿＿

4. 彼此：＿＿＿＿＿＿＿＿＿＿＿＿＿＿＿＿＿＿＿＿＿＿＿＿＿＿＿

5. 儲蓄：＿＿＿＿＿＿＿＿＿＿＿＿＿＿＿＿＿＿＿＿＿＿＿＿＿＿＿

閱讀與探討　　Read and Discuss

同學會

劇中人：

　　張成家（張）：男，三十多歲，銀行高級主管

　　李旦生（李）：男，三十多歲，電腦公司總經理

　　王美君（王）：女，三十多歲，會計師兼家庭主婦

　　（大學同班同學，畢業十年後在同學會上重逢）

張：喂！老李，美君，你們也來了！

李：（同時）咳！不容易，不容易，我們十年沒見了。你們都沒變哪！

王：哎喲！你是張成家，你是李旦生，沒說錯吧！

張：大家變是沒變，不過似乎加了碼，都胖了不少。

李：人到中年體態豐盈嘛！說什麼也苗條不了啦！在辦公室坐一天，再在汽車上坐幾小時，天天應酬吃喝，根本沒有運動嘛！我現在孤家寡人一個，一個人吃飽，全家都飽了。不必煩心什麼，只是有點閒散寂寞而已。怎麼不胖呢！

王：那你真是快樂神仙，好羨慕你呀！我每天都忙死了，家事做不完，先生也不管。上有老，下有小，都得我照顧。會計師事務所的事又一大堆，做不完帶回家，還得

開夜車趕工，你們說苦不苦！有時還跟七十多歲的婆婆嘔氣。

李：你做不完的賬，我去幫你。

王：算了吧！大總經理！你哪裡還有工夫幫我，有時間去追追女朋友吧！

張：老李，說真的，你也該成家了。創業了那麼多年，公司有那麼好的成績，也該找個賢內助。啊！你也別挑剔得太厲害了，哪有十全十美的人呀！

李：我不挑，我從來沒挑過。只是看看我家哥哥、嫂嫂、姐姐、姐夫他們過的那種日子，唉！真不想跳進結婚這圈套中。我現在多自由自在！

張：你這麼沒有勇氣。你看我背著一大家人，生活費、教育費、交際費再加上醫藥費，我用一塊錢的時候都得算算呢！還好我太太是個精打細算的人，家中一切由她主持，孩子知道用功，也不亂花錢。妻賢子孝，雖不十分富裕，可是也過得快樂舒服呢！

王：你命好，太太會持家，你忙工作，無後顧之憂，怪不得你升為高級主管呢！可是我也要為張大嫂打抱不平，她整天在家裡做牛做馬，簡直是畫地自限，把自己完全關在家裡了，跟外界都沒有接觸，這人生還有什麼意思呢！

李：對呀！如果我結婚，決不會這麼對待心愛的人。我怕女人為我受罪，所以我不結婚。哈哈！

張：你別找理由啦！還是趕快找對象結婚吧！你們看，那不是丁兆高嗎？聽說他最近又換工作了。

王：我知道他本來教書哇！現在做什麼事？

張：噢！教書那是好幾年前的事了，後來我知道他跟校長處得不好，一氣之下就辭了教職，去當廣播員了。

李：不是廣播員，好像做一位要人的秘書。

張：對，那又是後來的第三個工作，每個工作都做不到一年，有時還閒著沒工作。現在也不知道做什麼事了？常說「男怕入錯行」，他簡直不知道該入哪一行！

王：怪不得他整天跳槽呢！他過來了，你們跟他聊聊，我去那邊找女同學聊一下。看看她們婚後生活怎麼樣？老張，祝你永享天倫之樂，你呢！「有情人速成眷屬」！

張：希望你越忙越年輕。

李：是啊！青春永駐。

問答：

1. 為什麼人到中年會發胖？
2. 你認為王美君的生活有意思嗎？這麼忙是快樂還是不快樂？
3. 李旦生受了什麼影響對結婚那麼害怕？
4. 張成家的生活算是美滿嗎？為什麼？
5. 像丁兆高這樣常常換工作，是好現象嗎？為什麼？

第十課 人人都是環保尖兵[1]

地球不再美麗了。你、我、他都有責任；人人都是罪魁禍首。可是我們大家都還不清醒[2]，都還不認錯，仍然一天一天不斷地在刻意[3]破壞我們唯一能生存的地方——地球。

清澈[4]的海洋因垃圾的汙染變得死氣沉沉；茂密[5]的森林因被濫伐[6]變成乾枯[7]的荒山[8]；清幽[9]的原野[10]因工廠的濃煙[11]與廢氣變得烏煙瘴氣；山邊的溪流[12]也因污水及化學廢水的流入成為混濁[13]的臭溝[14]。這樣下去，地球還能美麗嗎？人類把這個僅有的，獨一無二的美麗家園，破壞到這種慘不忍睹的程度，怎不令人惋惜！

日趨[15]嚴重的情況不只是在地球表面上，甚至在地球上空保護我們的臭氧層[16]都成了百孔千瘡的破網，太陽最有威力[17]的紫外線[18]，現在都能直接傷害到我們的皮膚了。更令人擔心的是，溫室效應引起全球暖化，可能帶來更多天災人禍。

1970年4月22日在美國舉行的第一屆「地球日」①活動，是全球環保運動的新起點。後來，數千名環保人士站出來，登高一呼，促使一百多個國家成立了專門負責環保工作的單位[19]。透過[20]這些單位，許多國家制定[21]了各項避免[22]污染的法規。1992年在巴西舉行的第一屆地球高峰會議②，目的便是要

解決地球溫度升高、森林濫伐等嚴重的問題。1997年十二月,各國代表又在日本舉行會議,通過「京都議定書」③,規定減少二氧化碳等溫室氣體[23]的排放[24]量,防止氣候的改變對人類造成更大的傷害。

　　人人在注意這個大問題時,應該先捫心自問:我是不是每天製造髒亂的垃圾?然後由小處著手[25],從自己做起。其實家庭、學校就是最理想的,推行[26]環保觀念的重鎮[27]。父母師長若以身作則,孩子天天耳濡目染,自然而然會知道:如何將垃圾分類,做好資源回收;如何愛惜物資,節省電力;如何保護樹木與動物,免得破壞大自然的生態景觀[28]。

■圖片提供:劉欣怡

總之，不論高峰會議討論也好，家庭學校推行也好，我們每個人都應該有一份神聖[29]的使命[30]——環保工作從自己做起。所以說，人人都是環保尖兵。

生詞　　New Vocabulary

1　尖兵 (jiānbīng)　　N：a protector; a guardian

人人都應該做反菸、反毒的尖兵。

2　清醒 (cīngsǐng / qīngxǐng)

V/SV：to be sane, clear-headed; to come to one's senses; to regain consciousness

(1) 經過警察勸導，離家出走的孩子終於清醒了。
(2) 在頭腦清醒的時候念書最有效果。

3　刻意 (kèyì)

A：to do something with very close attention (in order to achieve perfection or success); to painstakingly strive for perfection or success

每次外出，她都刻意打扮一番。

4　清澈 (cīngchè / qīngchè)　　SV：to be crystal-clear (of water)

我們坐在湖邊，看見清澈的湖水裡有雲和樹的倒影。

5　茂密 (màomì)　　SV：to be dense, thick

(1) 山上的樹木在夏天枝葉非常茂密。
(2) 她有一頭茂密的黑髮。

6　濫伐 (lànfá)

V：to log excessively; to cut down too many trees; to excessively fell trees

濫伐山上的樹是有罪的。

7　乾枯 (gānkū)

SV/AT：to be dried up, to be withered; dried up, withered

(1) 植物的傳染病使得這棵樹乾枯了。
(2) 老人伸出乾枯的雙手，抱住孫兒。

8 荒山 (huāngshān)　N：a barren hill; a desolate mountain

9 清幽 (cīngyōu / qīngyōu)　SV：quiet and secluded

鄉下的環境清幽，所以很多人喜歡住在那裡。

10 原野 (yuányě)　N：a plain; a field

11 濃煙 (nóngyān)　N：thick smoke; dense smoke

12 溪流 (sīlióu / xīliú)　N：a mountain stream

13 混濁 (hǔnjhuó / hǔnzhuó)

SV：to be muddy, turbid, not clean or pure

下過大雨後，清澈的河水變得混濁了。

14 臭溝 (chòugōu)　N：a gutter; a stinking ditch

15 日趨 (rìhcyū / rìqū)　A：day by day

辦公室的設備日趨現代化。

16 臭氧層 (chòuyǎngcéng)　N：the ozone layer

17 威力 (wēilì)　N：power

這次地震的威力相當於五顆原子彈。

18 紫外線 (zǐhwàisiàn / zǐwàixiàn)　N：ultraviolet rays

19 單位 (dānwèi)

N：(a) a unit (of measurement); a module

(b) an organization (such as a department, section, battalion, etc.)

(1)「公尺」是計算長度的單位。
(2)「臺北市環保局」是「行政院環保署」下面的小單位。

20 透過 (tòuguò)　V：be based on

一般人都是透過報紙或電視新聞來了解社會上發生的事件。

21 制定 (jhìhdìng / zhìdìng)　V：to lay down; to set up; to stipulate

為了改善交通，政府制定了新的交通規則。

22 避免 (bìmiǎn)　V：to avoid

人民要遵守法律才能避免犯罪。

23 溫室氣體 (wūnshìh-cìtǐ / wēnshì-qìtǐ)

N：Greenhouse Gas

所謂溫室氣體是指會造成溫室效應的氣體。

24 排放 (páifàng)　V：emission

工廠排放濃煙和廢水的問題，應該設法解決。

25 著手 (jhuóshǒu / zhuóshǒu)　V：to get started on

雖然早已計畫好了，還是要等時機成熟才能著手去做。

26 推行 (tuēisíng / tuīxíng)　V：to implement; to carry out

政府推行國語的政策非常有效。

27 重鎮 (jhòngjhèn / zhòngzhèn)　N：a key position or location

這個城市是電腦科技的重鎮。

28 景觀 (jǐngguān)　N：a view; a scene; the scenery

自然的景觀跟大都市的景觀完全不同。

29 神聖 (shénshèng)   SV/AT：to be sacred, holy, divine

(1) 教堂和寺廟在教徒的心中都是神聖的地方。
(2) 選舉的時候，希望你能投下神聖的一票。

30 使命 (shǐhmìng / shǐmìng)

N：a mission

他這次出國有跟歐洲國家建立外交關係的使命。

專有名詞　Proper Names

① 地球日 (Dìcióurìh / Dìqiúrì)　Earth Day
② 地球高峰會議 (Dìcióu-Gāofōng-Huèiyì / Dìqiú-Gāofēng-Huìyì)
　Earth Summit
③ 京都議定書 (Jīngdū-Yìdìngshū)　Kyoto Protocol

成語與俗語　Proverbs and Common Sayings

1. 罪魁禍首 (zuèikuéi-huòshǒu / zuìkuí-huòshǒu)
   chief offender, chief criminal, archcriminal
   這條河變得又臭又髒，我們要找出罪魁禍首來。

2. 死氣沉沉 (sǐhcì-chénchén / sǐqì-chénchén)
   lifeless air, hopeless and gloomy, dull and despondent, dead atmosphere
   這家公司死氣沉沉的，大概快要倒閉了。

3. 烏煙瘴氣 (wūyān-jhàngcì / wūyān-zhàngqì)
   (said of air) heavily polluted
   抽菸的人太多，把這間休息室弄得烏煙瘴氣。

4. **獨一無二 (dúyī-wúèr)**

   unique; the one and only

   他是本校獨一無二的神槍手。

5. **慘不忍睹 (cǎn-bù-rěn-dǔ)**

   so tragic that one cannot bear to look at it

   車禍現場慘不忍睹。

6. **百孔千瘡 (bǎikǒng-ciānchuāng / bǎikǒng-qiānchuāng)**

   riddled with holes, honeycombed with holes, in very bad shape, in a state of ruin or extreme distress

   戰爭過後，許多房子百孔千瘡，得修理以後才能住。

7. **登高一呼 (dēnggāo-yìhū)**

   to raise a cry for something; to raise a hue and cry

   經過他登高一呼，大家都注意到環保問題。

8. **捫心自問 (ménsīn-zìhwùn / ménxīn-zìwèn)**

   to examine oneself, introspection, to ask oneself

   我們要捫心自問，對自己的家庭和社會付出了多少？

9. **小處著手 (siǎochù-jhuóshǒu / xiǎochù-zhuóshǒu)**

   to start with the details, to start with the little things (in making an analysis or resolving a problem), to not lose sight of the task at hand

   做事應該從大處著眼，小處著手。

10. **以身作則 (yǐshēnzuòzé)**

    to set an example by one's own actions (usually said of people holding responsible positions or heads of families)

    父母要以身作則，兒女的行為才會正確。

11. 耳ㄦˇ濡ㄖㄨˊ目ㄇㄨˋ染ㄖㄢˇ (ěrrú-mùrǎn)
    to be thoroughly Influenced or imbued with what one frequently sees and hears

    (1) 年輕人常和一群壞朋友在一起，耳濡目染，容易變壞。
    (2) 他的父親喜歡親自下廚做菜，他從小耳濡目染，也做得一手好菜。

12. 自ㄗˋ然ㄖㄢˊ而ㄦˊ然ㄖㄢˊ (zìhránérrán / ziránérrán)
    natural consequences, a matter of course

    多聽、多看、多說，多寫，你的中文程度自然而然就提高了。

| 句型 | Sentence Patterns |

1. ……因……變得　(SV)
   ...... because of ...... has become (SV) ......;
   ...... as a result of ...... has become (SV) ......

   (1) 他的脾氣因失業而變得很壞。
   (2) 空氣因下雨變得乾淨了。
   (3) 爸爸的身體因戒菸變得比以前健康多了。

2. ……因……變成　(N)
   ...... as a result of ...... has changed to (N) ......;
   ...... because of ...... has become (N) ......

   (1) 樹上的葉子因天氣冷了，變成漂亮的紅葉。
   (2) 他最近因心情不好每天喝很多的酒，變成了酒鬼。
   (3) 他倆因興趣相同，變成了好朋友。

3. 怎不令人　(SV)？
   how can't it make one ......;
   how can it fail to make one ......

   (1) 這兩個交通標誌的意思是相反的，怎不令人迷惑？
   (2) 她畢業了，又找到了好工作，怎不令人羨慕？
   (3) 那個人亂丟垃圾，怎不令人生氣呢？

4. 不論……也好，……也好，……都……
No matter A ...... or B ...... either of them ......

(1) 不論當義工也好，參加社團也好，都需要把時間安排好。
(2) 不論單親家庭也好，雙親家庭也好，都要努力維護親子的感情。
(3) 不論成功也好，失敗也好，都要保持鬥志。

一字多用　Single Characters with Multiple Uses

1. 濫伐　to log excessively
   若是濫伐樹木，在颱風來臨的時候可能造成土石流。
   濫交　to make friends indiscriminately
   濫交朋友必有惡果。
   氾濫　to overflow
   這條河常常氾濫，給兩岸的人民帶來災難。
   濫竽充數　to hold a post without the necessary qualifications just to make up the number
   雖然我們合唱團的人數太少，但也不願找一些不會唱歌的人來濫竽充數。

2. 清幽　quiet and secluded
   她住的地方，屋旁有一片竹林，十分清幽。
   幽雅　quiet and elegant
   這家咖啡館的布置很幽雅，吸引很多顧客上門。
   幽默　humorous, humor
   這個人非常幽默，常說幽默的話。

3. 水溝　a ditch, a drain, a gutter
   鄉下的水溝比較乾淨，因為不像都市污染得那麼嚴重。
   溝通　to bring about unobstructed exchange of (feelings, ideas, etc.), to communicate
   我和他的觀念不同，因此很難溝通。
   代溝　generation gap
   你和父母之間有代溝嗎？

4. 魁首　leader, chief, head
   這次龍舟比賽的結果，外籍學生隊是女子組的魁首。

第十課　人人都是環保尖兵

魁偉　big and tall
他的身體魁偉，適合當球員。

5. 廢水　waste water
每家工廠都應處理廢水，才不會造成污染。
廢除　to abolish, to cancel, to annul, to repeal, to rescind, to discontinue
大學聯考的制度已經廢除了。
廢話　a meaningless remark, a foolish statement, a superfluous statement, rubbish
廢話太多的人老是說個不停，讓人討厭。

6. 嚴重　serious, grave, severe (said of an illness, situation, etc.)
他的病情很嚴重，已經沒辦法起床了。
嚴厲　strict, stern, stringent, severe, ruthles
那所學校嚴厲處罰違規吸菸的人。
嚴格　strict, stringent
這家公司對員工請假的規定很嚴格。
嚴肅　serious, solemn, serious-looking
我的老師很嚴肅，不常露出笑容。

問題討論　Questions for Discussion

1. 地球為什麼不再美麗了？
2. 什麼時候世界各國成立專門負責環保的單位？
3. 第一屆地球高峰會議在何時何地舉行？目的是什麼？
4. 如何推行環保？環保的常識包括哪些？
5. 為什麼說人人都是環保尖兵？

練習 / Exercises

選擇相反詞 Select the Word with the Opposite Meaning

1. 清醒：_____   a. 迷糊   b. 清楚
2. 刻意：_____   a. 有意   b. 無心
3. 茂密：_____   a. 茂盛   b. 稀疏
4. 乾枯：_____   a. 濕潤   b. 清涼
5. 排放：_____   a. 呼吸   b. 吸收
6. 混濁：_____   a. 清靜   b. 清澈
7. 死氣沉沉：_____   a. 生意盎然   b. 夕陽西下
8. 百孔千瘡：_____   a. 破壞無遺   b. 完整無缺

填字並解釋 Add the Correct Characters and then Define the Following Proverbs

1. ____魁____首：
2. ____氣____沉：
3. ____煙____氣：
4. ____不____睹：
5. ____孔____瘡：
6. ____身____則：
7. ____心____問：
8. ____濡____染：
9. ____高____呼：
10. ____一____二：

有關環保問題，請回答　Please Answer the Following Questions about Environmental Protection

1. 你在公共場所抽菸嗎？在什麼地方抽？
2. 你常用什麼容器裝食物？塑膠袋或是保麗龍盒？
3. 你吃過的口香糖吐在什麼地方？
4. 你用過什麼樣的再生紙？
5. 你平常做垃圾分類嗎？分幾類？

閱讀與探討　Read and Discuss

一、廣播劇——山明水秀

劇中人：

于世川（父）：化工廠的董事長
于曉青（青）：于世川的女兒
黃經田（黃）：于世川的朋友
陳鴻昌（陳）：化工廠的廠長

（一）

父：在美國教書的那位黃叔叔要回來了？

青：噢，好啊！

父：他打算回來半個月，要到各地去走走看看。我跟他約好，在這兒的時候呢，就住在我們家。他毫不猶豫地就答應了。

青：他跟爸爸是小時候的玩伴。長大以後，又成了好朋友。既然到這兒，他哪會不住在我們家呢？

父：你倒是挺了解的啊！

（二）

黃：世川啊！想不到你還真會享福啊！

父：你這話怎麼說啊？

青：黃叔叔的意思是不是說，我們選了一個很好的住家環境？

黃：欸！對！小青的腦袋可真靈活。世川啊！你這棟別墅，蓋在半山腰上，面對基隆河，可以說是有山有水啊！

青：是啊！黃叔叔，我們這兒視野開闊，白天可以看到基隆河的水流波光，晚上可以欣賞到整個大都市像銀河一般的夜景，住起來真是舒服！

父：這也不能叫享福啊！哎！我問你，一個人大半輩子辛辛苦苦賺錢，為了什麼？

黃：你這問題範圍太大了。

父：當然是改善生活嘛！啊！論吃的方面，一個人的胃畢竟有限。剩下來就是住的，既然有這份能力，當然要找個好的環境住嘛！

黃：的確，這麼大的一個庭院，加上有一個獨立的車庫，有錢還不見得買得到呢！

父：主要是從這兒到我的化工廠去很方便，開車五分鐘就到了。

青：咦！這是什麼味道？好臭喔！爸，黃叔叔，你們聞到了沒有？

黃、父：聞到了！聞到了！

青：奇怪，這股臭味哪來的呢？

父：我們從前沒聞過啊！

青：啊！我懂了！我們才搬過來一個多月。爸經常不在家，而且一回到了家，就躲在房間裡。門窗關著，開冷氣，當然聞不到了啊！

父：這麼說來，你常常聞到嘍？

青：可是臭味沒今晚這麼濃。或許是風向的關係，而且又在頂樓陽臺上。

父：哎喲！真是臭得不得了！經田，小心！我們進裡邊去吧！

黃：好。

(三)

父：這位黃先生是我小時候的朋友。你帶他到處去看看。把廠裡的情況，給他做個詳細的介紹。

陳：好的，董事長。

父：經田啊！對不起呀！碰巧有一個難纏的客戶，非得我親自跟他見面不可。只好暫時勞駕陳廠長了。

黃：你忙你的。

父：那我就失陪了。

陳：噢！黃先生，你有沒有特別想看的地方？

黃：這樣吧，我想先看看廠裡邊廢水處理的情形。

陳：好，那我就陪你從那兒開始看。

(四)

青：黃叔叔，我給你泡茶來了。

黃：謝謝。曉青啊！這杯茶，該不會用基隆河的水泡的吧？

青：好噁心喲！你怎麼這麼說呢？我一想到基隆河裡邊的水，就噁心得想吐！

黃：為什麼呢？

第十課　人人都是環保尖兵

青：因為它髒得像墨水啊！而且到處是垃圾。才搬來那天啊，我興沖沖地跑到河邊去散步，給嚇得以後都不敢再去了。

黃：世川啊！曉青說的情形，你注意過沒有？

父：沒有啊！我忙著做生意賺錢，哪來這些閒工夫啊？

黃：老朋友啊！這就不對啦！

父：為什麼啊？

黃：賺錢固然重要，多留意身邊的事物更重要。昨天晚上我們都領教了空氣裡邊的那股臭味，可是你們父女倆有沒有進一步去了解，它是從哪兒來的呢？

父、女：沒有啊！

黃：這就對啦！我告訴你們，那股臭味就是從基隆河裡邊冒上來的。

父、女：真的啊？

黃：當然是真的嘍！因為我是研究生態保育的，對這方面的問題特別的用心，也特別的敏感。世川，我再請問你，你可知道你廠裡的廢水都排放到哪裡去了嗎？

父：當然是基隆河啊！當初在那兒設廠，考慮的就是這點啊！

黃：很方便是不是？你可知道，我們昨天晚上聞到的那股臭味，是誰造成的？你也是兇手之一喔！

父：啊？我？

黃：因為我仔細看過了。你那個工廠的廢水，完全沒有經過

污水處理就排放出去。那會對我們自然環境，造成嚴重的傷害。

父：哎呀！我那個工廠那麼小，一天才排放多少廢水嘛！

黃：你這種觀念啊！真是害人害己。哪怕是丟一張廢紙，都會污染環境。所以人人都應該在觀念上建立共識，在行為上改正從前亂丟垃圾的壞習慣，來共同維護良好、衛生的自然環境。

青：黃叔叔的話很有道理。

父：曉青啊！你知道嗎？我們小時候，這附近的基隆河、新美溪、蘭溪，都可以游泳、釣魚、划船呢！

青：好棒噢！如果現在還能這樣，不知道有多好！

黃：對！只要我們大家同心協力，絕對有那麼一天的！

問答：

1. 黃叔叔怎麼說曉青爸爸很會享福？
2. 曉青父親為什麼選這個地方蓋別墅？
3. 為什麼曉青父親聞不到那股臭味？
4. 在曉青家聞到的臭味到底怎麼來的？
5. 我們應該怎麼共同維護良好、衛生的自然環境？

二、成語故事：濫竽充數（見：140頁「一字多用」）

戰國時齊宣王喜歡聽吹竽，招來三百個人組成一個大樂團。有位叫南郭的老先生也要加入，自稱有幾十年吹竽的經驗，齊王答應了。於是他跟別的團員一樣，享受很優厚的待遇，每月領很多錢。

南郭先生每次都和大家一起吹竽，假裝很會吹的樣子，其實一點聲音也沒發出，誰也不知道他完全不會吹。

過了幾年，齊王死了，他的兒子繼位。這位新國王也喜歡聽吹竽，可是不喜歡聽合奏，只喜歡聽獨奏，所以他叫那三百個吹竽的人，一個一個輪流吹給他聽。

南郭先生聽到這個消息以後，馬上偷偷地逃走了。

問答：

1. 「濫竽充數」到底是什麼意思？
2. 你能舉出別的例子嗎？

第十一課　強化體質

劇中人：
　　王太太（王）：大明的母親
　　王大明（明）：國中二年級的學生
　　林醫師（林）：一家私人診所醫生

明：咳！咳！咳！（一陣咳嗽聲）
王：林醫師，為什麼這孩子的體質[1]總是比別人差，動不動就感冒呢？
林：其實體質的強弱是父母給的，無法自己選擇。就像皮膚被蚊子咬了，有的人擦了藥，依然紅腫[2]潰爛[3]，有的卻不管它，反而平安無事。
王：說實在的，我還不完全明白體質的意思，你可不可以給我解釋一下？
林：體質就是身體強弱的性質[4]，體質強的抵抗力[5]也強。每個人在生長的過程[6]中，由於先天[7]遺傳[8]或後天[9]因素[10]，在很多方面都跟別人不同，形成了個人的體質。比方說，皮膚跟頭髮是乾性還是油性，或者介於乾性和油性之間；腸胃[11]的吸收能力好不好；容不容易過敏等。認清了自己是哪一種體質，才知道怎麼保養[12]。
王：像我們大明這種抵抗力弱的體質該怎麼保養啊？

林：一般來說，保養方法是隨著季節、氣候、溫度、濕度等環境因素而加減衣服，少吃不利於體質的食物、藥物等。

王：（看著大明）你看！咳得那麼厲害，叫你多穿幾件衣服都不肯，還跟同學去吃冰！

林：（笑）雖然要注意加減衣服，可是千萬不要過度保護孩子。有的人孩子咳一聲就加一件衣服，咳兩聲就加兩件，這樣做，只會產生惡性[13]循環[14]。聰明的父母在孩子感冒好了以後，帶他出去做做戶外活動，這樣強化體質之後，衣服就可以少穿一點，也不必擔心他會再感冒了。

王：這孩子上國中以後，就有點兒過敏，小時候倒不會，不知道是為什麼？

林：如果不是先天遺傳過敏性體質的話，就是由於最近食品添加物[15]、農藥[16]等化學藥品的使用越來越普遍，使得後天容易過敏的因素增加了。

王：那這種後天因素怎麼避免呢？

林：平常少吃一些含有[17]色素[18]的糖果、點心，或是調味料[19]、防腐劑[20]過多的泡麵，青菜、水果浸泡[21]得久一點，就比較不容易過敏了。

王：是不是需要吃點什麼藥，補補他的身子？

林：俗話說得好，「藥補不如食補」。只要三餐飲食正常，營養[22]均衡[23]，不必花很多錢，就可以保持身體健康，效果絕對好過那些昂貴[24]的藥材。還有，平時不要一味[25]姑息[26]或縱容[27]子女，讓他們養成偏食[28]的習慣。常常孩子

病了,父母就以求仙丹²⁹的心態³⁰來找醫生,其實仙丹不在醫生這兒,只有父母才有。

王:謝謝你告訴我這麼多,真是「聽君一席話,勝讀十年書」!大明,還不趕快過來,向林醫師說聲謝謝!

明:謝謝林醫師。

王、明:(同聲說)再見!

林:再見!

生詞　　　　　New Vocabulary

1. **體質** (tǐjhíh / tǐzhí)　　N：(physical) constitution

2. **紅腫** (hóngjhǒng / hóngzhǒng)　　V/AT：red and swollen; inflammation
他手上被蚊子咬的地方紅腫起來了。

3. **潰爛** (kuèilàn / kuìlàn)
V/AT：to fester; to ulcerate; (in a wound) to become infected
被火燒傷的皮膚因沒有擦藥而開始潰爛了。

4. **性質** (sìngjhíh / xìngzhí)　　N：nature; property
辦事員和勞工的工作性質不同，一個勞心，一個勞力。

5. **抵抗力** (dǐkànglì)　　N：resistance (to disease), immunity

6. **過程** (guòchéng)　　N：a process
現代人流行把結婚典禮的過程拍成影片。

7. **先天** (siāntiān / xiāntiān)　　AT：congenital; innate
有先天性疾病的人，一出生就需要特別照顧。

8. **遺傳** (yíchuán)　　N：heredity; inheritance

9. **後天** (hòutiān)　　AT：acquired
後天的努力才是成功的要素。

10. **因素** (yīnsù)　　N：factor; element

11. **腸胃** (chángwèi)　　N：intestines and stomach; stomach

第十一課　強化體質

12 保養 (bǎoyǎng)　　V：to keep fit; maintenance

女人重視保養皮膚，而老人重視保養身體。

13 惡性 (èsìng / èxìng)　　AT：malignant; pernicious; vicious

那家公司惡性倒閉，老闆獨自帶著一大筆錢出國去了。

14 循環 (syúnhuán / xúnhuán)

N/V：(a) a cycle, circle　(b) to cycle, circulate

(1) 窮人的孩子無法接受較好的教育，往往形成惡性循環。
(2) 春夏秋冬不斷地循環，形成了四季。

15 添加物 (tiānjiāwù)　　N：(food, chemical) additives

16 農藥 (nóngyào)　　N：pesticide, agricultural chemical

17 含有 (hányǒu)　　V：to contain; to have

咖啡跟茶都含有咖啡因。

18 色素 (sèsù)　　N：pigment; dye

19 調味料 (tiáowèiliào)　　N：condiment; seasoning; flavoring

一般的調味料包括糖、醋、鹽、醬油等。

20 防腐劑 (fángfǔjì)　　N：preservative

21 浸泡 (jìnpào)　　V：to soak ...... in ...

先把衣服浸泡在加了洗衣精的水裡再洗，可以洗得更乾淨。

22 營養 (yíngyǎng)

N/SV/AT：nutrition; sustenance

155

(1) 營養豐富的食物可以幫助小孩成長。
(2) 有人認為雞蛋最營養了，可是千萬別吃太多。
(3) 很多中小學都供應營養午餐。

23 均衡 (jyūnhéng / jūnhéng)

SV/AT：(a) balanced; harmonious; proportionate; even
(b) equality, equilibrium, a balance (of power, etc.)

(1) 他把每天工作、休閒、運動的時間分配得很均衡。
(2) 均衡的營養能使人保持健康。

24 昂貴 (ángguèi / ángguì)　SV：costly, very expensive

價錢昂貴的東西不一定是最合適的。

25 一味 (yíwèi)　A：to imply that

有些人生了病不去看醫生，一味求神拜佛。

26 姑息 (gūsí / gūxí)　V：to appease; to over-tolerate

政府對那些隨意破壞環境的人不能姑息。

27 縱容 (zòngróng)

V：to pass over indulgently, to make less of something than one should; to connive at, to wink at

天底下有縱容自己的兒子跟別人打架的父母嗎？

28 偏食 (piānshíh / piānshí)

AT/N：to be picky in eating; picky eating habits; to only be willing to eat certain dishes (usually said of children)

小孩兒偏食，不吃青菜，愛喝汽水，是父母頭痛的問題。

29 仙丹 (siāndān / xiāndān)　N：a panacea, a miracle cure, a cure-all

這種藥又不是仙丹，怎麼可能讓你的病突然好起來？

第十一課　強化體質

30. 心態 (sīntài / xīntài)

N：(one's) thoughts; the way one sees or feel about something

當別人碰到災禍的時候，他反而很開心，這種心態是不正常的。

成語與俗語　Proverbs and Common Sayings

1. 平安無事 (píng'ān-wúshìh / píng'ān-wúshì)
   safe and sound;safe and without any mishaps; in good order
   這次地震，我們全家平安無事，真是幸運！

2. 藥補不如食補
   (yàobǔ-bùrú-shíhbǔ / yàobǔ-bùrú-shíbǔ)
   The benefits of medicine are not as great as those of good nutrition
   吃營養的東西，不要吃補藥，因為藥補不如食補。

3. 聽君一席話，勝讀十年書
   (Tīng-jyūn-yì-sí-huà ,shèng-dú-shíh-nián-shū / tīng-jūn-yì-xí-huà ,shèng-dú-shí-nián-shū)
   listening to the words of a wise man can be superior to studying ten years worth of books
   今天聽了李教授的演講，大家都覺得收穫很多，真是「聽君一席話，勝讀十年書」啊！

實用視聽華語 5
Practical Audio-Visual Chinese

句型　　　　　Sentence Patterns

1. （有的）……依然……；（有的）……反而……
   some …… still ……, on the other hand ……, others ……;
   some …… as before will ……, others ……, on the contrary, will ……

   (1) 植物需要陽光的程度不一，有的放在陽台依然沒有活力，有的擺在室內反而更加茂密。
   (2) 都市人已經習慣了噪音，在吵鬧的環境裡依然能入睡，到了鄉下安靜的地方反而睡不著。
   (3) 友情很奇妙，有些人認識了十幾年依然不知心，有些人初次見面反而一見如故。

2. 介於……之間
   X lies between ……;
   X occupies a position between ……;
   X falls between ……

   (1) 大學教授對學生來說，介於老師和朋友之間。
   (2) 紫色是介於藍色和紅色之間的顏色。
   (3) 這座大樓的風格介於傳統與現代之間。

3. 隨著……而……
   (something happens) as a result of ……

   (1) 醫生隨著病人病情的變化而改變藥的使用量。
   (2) 清澈的溪流隨著污染的嚴重而變得混濁。
   (3) 物價常隨著油價的高低而不同。

4. 由於……使得……
   as the result of X …… Y has happened
   …… can …… it can also help to V finally it can ……

   (1) 由於每天早上都去爬山，使得他的身體越來越健康。
   (2) 由於喜歡賭博，使得他輸光了錢，家庭也破碎了。
   (3) 由於戰爭，使得許多人離開了家園。

5. 其實……，只有……才……

actually X only requires Y in order to ......;
in fact, only Y is required for X (to be come/be true)

(1) 其實世界上沒有世外桃源，只有自己的家才最可愛。
(2) 其實成功不能光靠等待，只有不斷地努力才能得到。
(3) 其實補藥不是那麼需要的，只有營養均衡才能保持健康。

易混淆的詞　　Easily Confused Words

1. 潰爛 (kuèilàn / kuìlàn)　V/AT：to burst
   燙傷的皮膚，一不小心就很容易潰爛。

   潰散 (kuèisàn / kuìsàn)　V：to disperse; to break-up
   軍隊戰敗以後，軍人潰散四處。

   崩潰 (bēngkuèi / bēngkuì)　V：to collapse
   (1) 工作壓力太大，使得他的精神快崩潰了。
   (2) 俄國共產黨政權崩潰以後，建立了很多獨立的小國。

2. 過敏 (guòmǐn)　V/N：to be allergic
   鼻子過敏的人一碰到冷空氣就打噴嚏。

   敏感 (mǐngǎn)　SV/AT：to be susceptible; to be sensitive
   有的人很敏感，跟他說話得小心。

3. 普遍 (pǔbiàn)
   SV/AT：to be widespread; to be everywhere; to be common

   (1) 以前手機不太普遍，現在幾乎人人都有手機了。
   (2) 結婚年齡提高是普遍的現象。

   普及 (pǔjí)　V：to be available to all; to be commonly available
   電視教育普及各地，空中大學的畢業生越來越多。

普通 (pǔtōng)　SV/AT：to be ordinary; to be average; to be common
我只要普通的產品，不需要特別昂貴的。

4. 縱容 (zòngróng)
V：to connive; to wink at; to turn a blind eye (to one breaking a rule)
有些父母常縱容孩子做壞事，不加管教。

放縱 (fàngzòng)
V：to act uninhibited; to be debauched; to act disrespectfully
即使是過年，也不能放縱自己，大吃大喝。

5. 避免 (bìmiǎn)　V：to avoid; to refrain from; to avert
有些人認為戴玉做的東西可以避免災難。

以免 (yǐmiǎn)　A：(to do something) in order to avoid or prevent
最好把護照放在貼身口袋裡，以免遺失。

防止 (fángjhǐh / fángzhǐ)　V：to prevent; to guard against; to avoid
保持環境清潔，防止疾病傳染。

問題討論　Questions for Discussion

1. 為什麼人的體質有的強有的弱？
2. 抵抗力差的體質該怎麼保養？
3. 容易過敏的後天因素有哪些？
4. 孩子感冒後，父母該怎麼辦？
5. 為什麼藥補不如食補？

第十一課　強化體質

練習　Exercises

選相似詞　Select the Phrase or Expression with the Same Meaning

1. 總是：_____　　a. 老是　　b. 就是　　c. 倒是
2. 過度：_____　　a. 過分　　b. 適度　　c. 經過
3. 抵抗力：_____　a. 體力　　b. 能力　　c. 免疫力
4. 均衡：_____　　a. 偏重　　b. 相等　　c. 平均
5. 縱容：_____　　a. 縱然　　b. 放縱　　c. 縱橫
6. 偏食：_____　　a. 挑食　　b. 貪吃　　c. 偏愛

填空　Fill in the Blanks

1. 體質強的_____力也強。
2. 俗語說：「藥補不如_____。」
3. 孩子咳一聲就加一件衣服，咳兩聲就加兩件，其實只會產生_____循環。
4. 三餐飲食正常，_____均衡，身體就會健康。
5. 聽君一席話，勝讀_____。

造句　Make Sentences

1. 因素：_____
2. 遺傳：_____
3. 過度：_____
4. 均衡：_____
5. 縱容：_____

選擇同音字　Select the Character with the Same Pronunciation

1. 添：_____　　a. 天　　b. 漆　　c. 甜
2. 抵：_____　　a. 低　　b. 地　　c. 底
3. 循：_____　　a. 環　　b. 尋　　c. 均
4. 衡：_____　　a. 衝　　b. 橫　　c. 行
5. 丹：_____　　a. 單　　b. 但　　c. 舟

閱讀與探討　　Read and Discuss

秋天的保健

　　秋高氣爽的十一月，本來是最舒適宜人的季節。但是天氣的變化讓人捉摸不定，有時「秋老虎」發威，炎熱如夏，有時又涼風習習，帶來寒意。在這種情形下，日夜溫差相當大，一不留神就會傷風感冒。於是咳嗽、氣喘、過敏性鼻炎的患者增加了，醫院裡擠滿了求診的人。因此這段期間一定要注意呼吸道的保健，並設法增強身體的抵抗力。

　　咳嗽不是病，然而劇烈而頻繁的咳嗽，會影響睡眠，危害身體健康。引起咳嗽的疾病很多，如果清晨或半夜咳得比較厲害，可能是氣喘。而造成氣喘的兩大原因，是過敏體質和環境因素。生活環境中，像灰塵、香菸，或者氣溫的變化以及情緒激動等，都是引發氣喘的罪魁禍首。至於過敏性鼻炎的患者，對冷空氣過敏，皮膚容易乾燥、發癢。鼻炎發作時，有口乾、便秘等情形，中醫稱為「火氣大」，應該先消除火氣，再治療鼻塞、打噴嚏、流鼻水等症狀，才能藥到病除。

　　若想預防上述疾病，平時就應該作息正常，不熬夜，不過勞。為了增強體力，最好每週三天，每次三十分鐘，做一些會流汗的運動。穿著方面，可以採取「洋蔥式」的穿法，隨氣溫而加減衣服。飲食方面，要多喝開水，少吃寒性蔬

果；辛辣或燒烤類食物，也應該儘量避免。另外還要保持心情開朗，以積極樂觀的態度，面對人生。

　　總之，把生活起居、飲食、心情方面都調適好，便能迎接一個健康而愉快的秋天了。

問答：

1. 秋天的氣候變化怎麼樣？
2. 秋天應該如何保健？

第十二課　談素食[1]

　　在熙熙攘攘的大街上，你可能發現一些素食店的招牌[2]，夾雜[3]在漢堡[4]、炸雞、披薩[5]等速食店的廣告燈中，特別引人注意，原來吃素是近年來最流行的一種飲食方式。在朋友間，不論年輕人或老年人都會有一些素食者，所以你想請客時，也得打聽清楚後再做決定。

　　在西餐方面，最盛行[6]的可能算是「沙拉吧[7]」了。十幾種各式各樣的蔬菜[8]，擺滿一桌，令人垂涎三尺，再加上不同的調味料，如法國的美乃滋[9]、義大利的油醋等，拌[10]成天下美味，自然非常吸引人。大家在享受美食的時候，也攝取[11]到了人體所需的營養及維生素[12]。

　　在中餐方面，更是花樣百出，以豆腐做出的「炸丸子」，味道不遜於[13]純肉做的肉丸；以豆腐皮炸出的「香酥鴨[14]」，吃起來幾可亂真，色香味俱全。大快朵頤之餘，誰會想到一餐下來居然沒犧牲[15]任何[16]一條生命，心中是不是更加暢快[17]呢？

　　一般人常說：「青菜豆腐保平安。」這句話的意思是說，大魚大肉並不是最理想的食物，清清淡淡的蔬菜，內含豐富的各種維生素，如果用豆類的植物性蛋白質[18]來代替肉類的動物性蛋白質，再加上米麵等主食，不但營養充足[19]，而且還可防止不少致命[20]的疾病呢！

不要以為吃素的以東方人居多，西方各國也正在風行[21]「素食主義[22]」呢！因為在東方，一般有佛教信仰[23]的民族，都是因不忍心為了口腹之慾去殺害生命而吃素。但是西方的素食者從其他方面來衡量[24]素食的利弊[25]，除了為了個人的健康著想以外，還考慮到環保問題。他們認為，飼養[26]牛羊所排出的廢物、廢氣，以及肉品加工工廠所排出的廢水等，都會汙染我們生活的大環境，所以打著環保的口號，來倡導[27]素食。

　　素食的好處固然很多，可是成長中的兒童與青少年，仍然需要大量的動物性蛋白質與鈣質[28]，不宜吃素。另外，為

■圖片提供：劉欣怡

了美觀[29]與口感[30]，素食容易使用過多的油，這也是喜愛素食的人不能不注意的事。

實用視聽華語 5
Practical Audio-Visual Chinese

生詞　　　New Vocabulary

1. 素食 (sùshíh / sùshí)　N：vegetarian; vegitarian food

2. 招牌 (jhāopái / zhāopái)　N：a signboard; a sign

3. 夾雜 (jiázá)　V：to be mingled with; to be mixed up with

風聲雨聲夾雜著孩子的哭聲使我無法入睡。

4. 漢堡 (hànbǎo)　N：hamburger

5. 披薩 (pīsà)　N：pizza

6. 盛行 (shèngsíng / shèngxíng)

V/SV：to be popular; to be in vogue

(1) 現在盛行穿名牌的衣服。
(2) 近年來自己種菜自己吃的情況很盛行。

7. 沙拉吧 (shālābā)　N：salad bar

8. 蔬菜 (shūcài)　N：vegetables

9. 美乃滋 (měinǎizīh / méinǎizī)　N：mayonnaise

10. 拌 (bàn)　V：to mix; to mix in

飲料裡面加了糖以後，還要用湯匙拌一拌才能溶化。

11. 攝取 (shècyǔ / shèqǔ)　V：to absorb; to assimilate

吃橘子可以攝取維他命 C。

12. 維生素 (wéishēngsù)　N：vitamin

第十二課　談素食

13 不ㄅㄨˊ遜ㄒㄩㄣˋ於ㄩˊ (búsyùnyú / búxùnyú)

V：not inferior to

有人說豆漿的營養不遜於牛奶。

14 香ㄒㄧㄤ酥ㄙㄨ鴨ㄧㄚ (siāngsūyā / xiāngsūyā)

N：crispy duck (a popular Chinese dish made by frying duck meat until crispy)

15 犧ㄒㄧ牲ㄕㄥ (sīshēng / xīshēng)

V/N：(a) to sacrifice; to lay down (one's life) for something
(b) a sacrifice

(1) 許多軍人為保護國家而犧牲了。
(2) 你認為這個人的犧牲有價值嗎？

16 任ㄖㄣˋ何ㄏㄜˊ (rènhé)　　Dem：any

你有任何問題，都可問這裡的義工。

17 暢ㄔㄤˋ快ㄎㄨㄞˋ (chàngkuài)

SV/A：cheerful and exuberant; spiritually elevated; carefree

(1) 他的計畫完成了，心裡很暢快。
(2) 她暢快地遊了三個風景區。

18 蛋ㄉㄢˋ白ㄅㄞˊ質ㄓˊ (dànbáijhíh / dànbáizhí)　　N：protein

19 充ㄔㄨㄥ足ㄗㄨˊ (chōngzú)　　SV：sufficient; adequate; enough

這所房子陽光充足，空氣流通，住起來很舒適。

20 致ㄓˋ命ㄇㄧㄥˋ (jhìhmìng / zhìmìng)　　V/SV：fatal; deadly; lethal

(1) 千萬不要玩危險的遊戲，那會致命的。
(2) 他的公司倒閉了，他遭到致命的打擊。

21 風ㄈㄥ行ㄒㄧㄥˊ (fōngsíng / fēngxíng)　　V：to be in fashion; to be popular

169

吃健康食品風行全世界。

22 素食主義 (sùshíh-jhǔyì / sùshí-zhǔyì)　　N：vegetarianism

23 信仰 (sìnyǎng / xìnyǎng)　　V/N：a belief; a religious belief

(1) 全世界都有信仰基督教的人。
(2) 世界上有很多人沒有任何宗教信仰。

24 衡量 (héngliáng)　　V：to measure; to judge; to examine; to evaluate

要先衡量自己的能力，再去選擇合適的工作。

25 利弊 (lìbì)

N：advantages and disadvantages; pros and cons; gains and losses

26 飼養 (sìhyǎng / sìyǎng)　　V：to raise; to rear

飼養小動物得有耐心。

27 倡導 (chàngdǎo)　　V：to propose; to initiate

這家公司的老闆倡導以微笑服務顧客。

28 鈣質 (gàijhíh / gàizhí)　　N：calcium content

29 美觀 (měiguān)

N/SV：pleasing to the eye; beautiful

(1) 這家餐廳特別重視餐具的美觀。
(2) 設計得美觀大方的海報很受歡迎。

30 口感 (kǒugǎn)

N：mouthfeel (i.e. It is a concept used in many areas related to the testing and evaluating of foodstuffs, such as wine-tasting)

他覺得水餃皮厚一點兒，吃起來口感比較好。

第十二課　談素食

成語與俗語　Proverbs and Common Sayings

1. 熙熙攘攘 (sīsī-rǎngrǎng / xīxī-rǎngrǎng)
   crowded and noisy; bustling; coming and going busily
   這條街上每天都是熙熙攘攘的。

2. 各式各樣 (gèshìh-gèyàng / gèshì-gèyàng)
   all sorts; all kinds; every variety
   她會做各式各樣的蛋糕。

3. 垂涎三尺 (chuéisián-sānchǐh / chuíxián-sānchǐ)
   to yearn for; to drool (over); to covet; to crave
   小孩看見店裡的冰淇淋，可是沒錢買，常常會垂涎三尺。

4. 花樣百出 (huāyàng-bǎichū)
   all kinds; many varieties; many types
   現在騙子騙錢的方法花樣百出，當心受騙。

5. 幾可亂真 (jī-kě-luàn-jhēn / jī-kě-luàn-zhēn)
   to seem almost genuine; to almost be mistaken for the real thing
   壞人印的假鈔票幾可亂真。

6. 色香味俱全 (sè-siāng-wèi-jyù-cyuán / sè-xiāng-wèi-jù-quán)
   to be very flavorful; to be very tasty; to smell, look and taste great
   媽媽做的菜色香味俱全。

7. 大快朵頤 (dàkuài-duǒyí)
   to satisfy the palate
   等明天拿到薪水以後，我要到飯館去大快朵頤一番。

171

8. 青(ㄑㄧㄥ)菜(ㄘㄞ)豆(ㄉㄡ)腐(ㄈㄨ)保(ㄅㄠ)平(ㄆㄧㄥ)安(ㄢ)
   (cīngcài-dòufǔ-bǎo-píng'ān / qīngcài-dòufǔ-bǎo-píng'ān)
   (literally: vegetables and tofu keep things safe and sound)
   vegetables and tofu have the vitamins and nutrients necessary for good health

   每日三餐不必花很多錢,青菜豆腐保平安。

9. 清(ㄑㄧㄥ)清(ㄑㄧㄥ)淡(ㄉㄢ)淡(ㄉㄢ) (cīngcīng-dàndàn / qīngqīng-dàndàn)
   light; delicate; simple

   夏天太熱,我喜歡吃清清淡淡的食物。

10. 口(ㄎㄡ)腹(ㄈㄨ)之(ㄓ)慾(ㄩ) (kǒufùjhīhyù / kǒufùzhīyù)
    to have a great appetite

    每天都要滿足口腹之慾的人一定不健康。

句型 / Sentence Patterns

1. 最……的……可能算是……了
   the most ...... (thing) ...... is probably ......;
   that X which ...... most ...... is probably ......

   (1) 她最喜歡的花可能算是玫瑰了。
   (2) 他最常做的運動可能算是慢跑了。
   (3) 動物中和人相處最好的可能算是狗了。

2. ……之餘
   usually referring to the remaining time left after i.e work or study

   (1) 有些人常在工作之餘去當義工。
   (2) 他考試通過了,在高興之餘,也有點兒擔心未來要面對更大的挑戰。
   (3) 我們在羨慕別人的成就之餘,是否想過他是經過長久的努力才有今天?

3. ……以……居多
   of group X, Y is (are) in the majority

   (1) 住在這座山上的人,以種水果為生的居多。
   (2) 這家書店的書,以消遣性的作品居多。
   (3) 青少年打工的地方,以速食店居多。

4. 為了……著想
   to bear in mind the interest of

   (1) 為了孩子的學業著想,他們請了家教。
   (2) 政府為了市民的安全著想,建了很多地下道。
   (3) 有些人從來不會為(了)別人著想。

5. ……固然……可是……
   no doubt ...... but ......

   (1) 這件大衣的價錢固然昂貴,可是既輕又保暖,買的人很多。
   (2) 吸菸固然有樂趣,可是有得病的危險,最好戒菸。
   (3) 含有色素的糖果固然美觀,可是有害身體健康。

易混淆的詞　　Easily Confused Words

1. **暢快 (chàngkuài)**　SV：cheerful and exuberant; spiritually elevated; carefree
   這次郊遊正逢天高氣爽,人人都很暢快。

   愉快 (yúkuài)　SV/AT：joyful; pleased; pleasant
   (1) 祝你旅途愉快。
   (2) 愉快的事要長記在心,不愉快的事要趕快忘掉。

   痛快 (tòngkuài)　A/SV：delighted; overjoyed
   (1) 喝酒時他很痛快地乾了杯。
   (2) 今天他跟幾個好朋友一塊兒聊天,聊了三個小時,覺得很痛快。

2. 倡導 (chàngdǎo)　V：to initiate; to propose; to promote
工作人員到鄉下去倡導節育方法。

提倡 (tíchàng)　V：to advocate; to encourage
政府提倡節約用水及用電。

3. 吸引 (sīyǐn / xīyǐn)　V：to attract; to draw
她的身材好，又穿很短的裙子，走在街上，吸引了很多人的目光。

引誘 (yǐnyòu)　V：to lure; to seduce
壞朋友常引誘年輕人誤入歧途。

4. 忍心 (rěnsīn / rěnxīn)　A：to have the heart to; to be hardhearted enough to
我看過的好書常不忍心丟掉。

耐心 (nàisīn / nàixīn)　N：patience
與兒童相處一定得有耐心。

問題討論　Questions for Discussion

1. 速食的種類有哪些？
2. 如果你想請人吃飯時應注意什麼？
3. 如果小孩偏食應該怎麼辦？
4. 你喜歡吃什麼素菜？
5. 肉類對環境有什麼影響？

第十二課　談素食

練習　Exercises

選相似詞　Select the Word or Phrase with the Same Meaning

1. 攝取：_____　　a. 吸收　　b. 收到
2. 以及：_____　　a. 以為　　b. 與
3. 充足：_____　　a. 充實　　b. 足夠
4. 風行：_____　　a. 流行　　b. 實行
5. 利弊：_____　　a. 錢幣　　b. 好壞

填空　Fill in the Blanks

1. 各式各樣的蔬菜擺滿一桌，令人_____三尺。
2. 以豆腐皮炸出的香酥鴨，吃起來幾可_____。
3. 華人一向說：青菜_____保平安。
4. 不忍心為了_____之慾，去殺害生命。
5. 西方的素食者以另外一個角度去_____素食的利弊。

造句　Make Sentences

1. 夾雜：_____
2. 衡量：_____
3. 飼養：_____
4. 花樣百出：_____
5. ……之餘：_____

閱讀與探討 / Read and Discuss

一、食物與健康

有營養專家提出「一日五蔬果」的口號,就是說除了飯或麵包等主食以外,每天要吃五種蔬菜水果,身體才會健康。

另有醫生建議大家吃紅、黃、綠、白、黑等多種顏色的食物:例如紅的有蕃茄、草莓、櫻桃、紅豆、紅棗等;黃的有玉米、小米、柑橘、黃豆、木瓜等;綠的有各種綠色的蔬菜,像菠菜、青椒、空心菜、芥藍、小白菜等,綠色的水果也很多。白的有蘿蔔、茭白、白果(銀杏)、豆腐、牛奶等;黑的有木耳、黑豆、香菇、海苔等,這許多種顏色的食物可以常常吃或輪流吃,以便攝取多種營養。

總之,如果每天只固定吃一、兩種食物而且長久不變,身體就會缺少某些維生素而不健康。所以我們一定要吃多種食物而且要常常改變才好。

問答:

1. 你每天吃些什麼食物?
2. 你最喜歡和最不喜歡的食物是哪些?

二、生機飲食

現在很多人為了健康吃生機飲食。何謂生機飲食呢?多半是指生吃有機食品。有機食品就是不經農藥、化學肥料、化學添加物及防腐處理或污染的食品,當然有機穀類可煮了吃。

生機飲食以生食蔬果為主,廣義的生機飲食也可吃少量的深海魚和有機雞肉等。

生機飲食的好處是吃到最乾淨、最有能量的食物,可增加我們的免疫力,使我們的精力充沛,最大的好處是可以排除體內聚集多年的毒素,治療疾病,也可預防現代人的慢性病,例如高血壓、高血脂、脂肪肝、糖尿病等。因吃了大量的纖維,消化良好,不會得腸癌。

總之,吃生機飲食是現代人應該採用的飲食習慣。

問答:

1. 你家附近有生機飲食店嗎?你嘗試過嗎?
2. 你覺得生機飲食也有缺點嗎?

第十三課　電子字典

　　輕薄短小、方便攜帶[1]的電子字典，自問世[2]以來，部分教育界人士便對這種新型電子產品的效果採取[3]保留[4]態度，但它卻很受上班族和學生歡迎。

　　市場競爭使得電子產品不斷地推陳出新。比較知名的，有快譯通①、無敵②、哈電族③等幾種牌子。這些電子字典，從起初簡單的英漢字典，發展到後來，成為具有漢英、同義字[5]、反義字、正簡字體、真人發音、多國旅遊會話、拼音校正[6]、全民英檢[7]測驗和醫藥、汽車的專業字典等多種功能的新型字典，進步相當快。有的字典還包括了約會、記事、電話名片、定時鬧鐘、計算機，以及顯示[8]時差[9]、貨幣[10]、度量衡[11]和陰陽曆等的換算[12]功能，十分實用。

　　電子字典攜帶方便、反應靈敏[13]。這種新產品帶來了新鮮感，同時帶起學習外語的熱潮[14]，達到教育的目的。但是由於內容過於簡化，對學語言的人有誤導[15]的危險。在初期，其效用僅限於幫助學生背單字或增加字彙，對真正學語言的人幫助不大，因此並未威脅[16]到傳統字典的市場。

　　到了現在，有些新型的電子字典，號稱[17]收錄[18]數百萬字庫[19]及一百多本專業字典，內建[20]數百 MB 超大儲存[21]容量[22]，也提供[23]電影、電視、動畫等多元化[24]學習方式，似乎[25]對以上所說的缺點[26]改善不少。不過考慮到便於攜帶的問題，螢

幕不可能無限放大,長久使用更會產生眼睛疲勞的困擾,所以電子字典能否使人類從「翻字典」轉入「按字典」的時代,仍需接受考驗[27]。

　　最近許多新時代產品,都朝著[28]一機多用的方向發展,電子字典也不例外。然而,它的主要功能畢竟[29]還是查字典。對於學生或上班族來說,選擇一部詞彙豐富、發音清楚,並能提供各種會話與自我測試[30]的電子字典,不僅能成為課業上的好幫手,出國旅遊也很有用,買的人自然越來越多了。

第十三課　電子字典

生詞　　New Vocabulary

1. **攜帶** (sīdài / xīdài)　V：to carry; to take

   為了攜帶方便，筆記型電腦越來越輕。

2. **問世** (wùnshìh / wènshì)

   V：to come out; to be released for public use for the first time; to be published for the first time; to be released to the market

   這部新發明的機器何時問世？

3. **採取** (cǎicyǔ / cǎiqǔ)　V：to adopt

   便利商店採取三班制，每天有三個人輪流上班。

4. **保留** (bǎoliú)　V：retain

   (1) 大部分古蹟都刻意保留原貌。
   (2) 這個意見我暫時保留，等想清楚再說。

5. **同義字** (tóngyìzìh / tóngyìzì)　N：synonym

6. **校正** (jiàojhèng / jiàozhèng)　V：to revise

   電腦已經具有自動校正拼字或文法的功能。

7. **全民英檢** (Cyuánmínyīngjiǎn / Quánmínyīngjiǎn)

   N：General English Proficiency Test

8. **顯示** (siǎnshìh / xiǎnshì)　V：to show; to indicate

   近來國人的購買力日漸提高，顯示國內的經濟已逐漸好轉。

9. **時差** (shíhchā / shíchā)

N：time difference (between different regions or countries)

10 貨幣 (huòbì)　　N：money; currency

11 度量衡 (dùliánghéng)　　N：weights and measures

12 換算 (huànsuàn)　　V：to convert; conversion

一美元換算成臺幣是多少？

13 靈敏 (língmǐn)　　SV：smart; sharp

這部新機器的反應很靈敏，工作起來效率很高。

14 熱潮 (rècháo)　　N：a popular fad; a practice which is in vogue

15 誤導 (wùdǎo)　　V：to be a bad influence; to mislead

模特兒高瘦的身材令人羨慕，常常誤導年輕女孩子吃得太少。

16 威脅 (wēisié / wēixié)

V/N：to threaten; to imperil; to menace; to intimidate

吃多了防腐劑之類的食品添加物，可能威脅身體健康。

17 號稱 (hàochēng)　　V：to claim to be

這家餐廳號稱擁有數十名一流的廚師，最新的廚房設備。

18 收錄 (shōulù)　　V：to collect

「世界名人錄」收錄了一千位世界上的名人，介紹他們的生平。

19 字庫 (zìkù / zikù)　　N：corpus

20 內建 (nèijiàn)　　V：built-in

有些新型筆記型電腦內建電視卡，可用來看電視。

21 儲存 (chúcún)　V：to save

電腦儲存大量的資料，使用起來非常方便。

22 容量 (róngliàng)　N：storage

23 提供 (tígōng)　V：to provide

這次運動會，學校提供選手名單及各項運動比賽的時間表。

24 多元化 (duōyuánhuà)

V/AT/SV：pluralization; a plurality; divers; diversified

(1) 現代人的學習方式已經多元化了。
(2) 多元化的社會，需要各種人才。
(3) 現代戲劇的表演方式相當多元化。

25 似乎 (sìhhū / sìhū)　A：to seem; it appears as though

他說話似乎有點兒保留，並沒完全把心裡的意思說出來。

26 缺點 (cyuēdiǎn / quēdiǎn)

N：a drawback; a weakness; a flaw

任何人都不是完美的，難免會有缺點。

27 考驗 (kǎoyàn)　V/N：a test; to test; to put ….to the test

(1) 他的新工作考驗著他的能力。
(2) 我們要多充實自己，才能接受各方面的考驗。

28 朝著 (cháojhe / cháozhe)　V：toward

不論學習什麼，都要先定一個目標，然後朝著這個目標，努力前進。

29 畢竟 (bìjing)　A：afterall

對學生來說，完成學業畢竟是最重要的。

30 測試 (cèshih/cèshì)　V：to try out; to test out; to experiment with

一部新機器一定要經過測試才能用。

專有名詞　Proper Names

① 快譯通 (Kuàiyìtōng)　Instant-Dict
② 無敵 (Wúdí)　Besta
③ 哈電族 (Hādiànzú)　Hot Tech

成語與俗語　Proverbs and Common Sayings

1. 推陳出新 (tuēichén-chūsīn / tuīchén-chūxīn)

   to weed through the old in search of the new; to find new ways of doing things using old theories; to find something new in what is old; to improve upon something

   電器的產品，不斷地推陳出新。

句型　Sentence Patterns

1. 由於……過於……，對……有……

   owing to …… exceeds …… this is having the effect that …… has ……;
   as the result of …… is extremely …… the result is …… has become ……

   (1) 由於這次的颱風過於強烈，對農作物有很嚴重的損害。
   (2) 由於他的工作過於勞累，對他的健康有很大的威脅。
   (3) 最近由於經濟過於不景氣，對工商業有很大的影響。

2. ……能否……仍需……

   …… can or can not …… still must ……;
   …… able to or not …… still has to ……

   (1) 他的病能否治好，仍需觀察。
   (2) 電子書能否代替傳統的書籍，仍需接受考驗。

(3) 交通問題能否解決，仍需研究。

3. ……也不例外
   be no exception(s)

   (1) 電子產品不斷地推陳出新，手機也不例外。
   (2) 新時代的產品一直往輕薄短小的方向發展，照相機也不例外。
   (3) 人人都是環保的尖兵，小孩子也不例外。

4. 不僅……也……
   not only ...... but ...

   (1) 新型的電子字典不僅詞彙豐富，學習的方式也多元化。
   (2) 素食不僅有助於健康，也不至於污染環境。
   (3) 獻身公益不僅有人受惠，自己也感到快樂，

易混淆的詞　　Easily Confused Words

1. 具有 (jyùyǒu / jùyǒu)　V：to have; to be provided with; to possess
   發明家具有超人的智力、豐富的想像力。

   擁有 (yǒngyǒu)　V：to own
   他擁有妻子、孩子、車子跟房子，非常幸福。

   懷有 (huáiyǒu)　V：to harbor; to yearn for; to embrace
   母親懷有愛兒女的心。

2. 功能 (gōngnéng)　N：a function (of a system, etc.); an effect; a use
   手機可以聽音樂、照像、查字典，功能越來越多。

   性能 (sìngnéng / xìngnéng)
   N：a property; the function (of a machine, etc.)
   工程師一定要了解各種機器的性能。

才能 (cáinéng)　N：an ability; a talent
個人的才能，在工作上可以表現出來。

3. 困擾 (kùnrǎo)　V/N：to worry one; to be troublesome to one
不能適應新環境的問題困擾了他很久，現在終於解決了。

干擾 (gānrǎo)　V/N：to harry; to interfere; to intervence
吵鬧的聲音干擾他，使他無法專心思考。

打擾 (dǎrǎo)　V/N：to disturb
在圖書館不可大聲談笑，以免打擾別人。

4. 包含 (bāohán)　V：to embody; to imply; to contain
有些詞彙包含很多意思，不可亂用。

包括 (bāokuò)　V：to consist of; to include; to comprise of
秘書工作除了安排開會，整理資料，還包括接電話。

5. 反應 (fǎnyìng)　V/N：to react; to respond; a reaction
學生的反應可以顯示教材是否合適。

反映 (fǎnyìng)　V/N：to depict; to portray; to mirror; a reflection
一個人的文章反映出他的思想和感情。

問題討論　Questions for Discussion

1. 電子字典的優缺點。
2. 電子字典為何不斷地推陳出新？
3. 請舉出電子字典的幾種功能。
4. 電子字典對學語言有什麼好處或壞處？
5. 學生或上班族為什麼愛用電子字典？

練習 Exercises

選相似詞 Select the Word or Phrase with the Same Meaning

1. 競爭：_____ a. 戰爭 b. 競賽
2. 校正：_____ a. 改正 b. 學校
3. 包括：_____ a. 包含 b. 內容
4. 威脅：_____ a. 脅迫 b. 威力
5. 靈敏：_____ a. 高速 b. 快速
6. 過於：_____ a. 太過 b. 經過

造句 Make Sentences

1. 測試：_____
2. 能否：_____
3. 顯示：_____
4. 威脅：_____
5. 僅限於：_____

配句 Match the Correct Sentence Fragments

1. 電子字典（　　） a. 有漢英發音、拼音、校正等功能
2. 市場產品競爭大（　　） b. 有時會有時差的困擾
3. 漢英字典（　　） c. 可以幫助我們做度量衡的換算
4. 長途旅行的人（　　） d. 攜帶方便，反應靈敏，輕薄短小
5. 英文字典內容過於簡化（　　） e. 對學英文的人有誤導的危險
6. 計算機（　　） f. 有快譯通、無敵、哈電族等
7. 人類將從「翻字典」（　　） g. 應不斷地推陳出新
8. 電子字典的牌子（　　） h. 轉入「按字典」的時代

閱讀與探討　Read and Discuss

一、——工具書——字典及辭典的使用——

　　要使用字典及辭典，必須知道字典、辭典的編排方式。一般字典、辭典的編排方式，可分成二類：

1. 按注音符號順序編排的方式

　　使用這一類的字典或辭典，只要確定要查的字的讀音然後按照讀音，便可查到這個字了。

　　凡是按注音符號順序編排的字典、辭典，多半附有部首和筆畫順序的檢字表，如果遇到不能確定讀音的字，可以去翻查檢字表。

2. 按部首編排的方式

　　使用這一類的字典、辭典，首先必須確定要查的單字或詞語第一個字的部首；找到部首以後，再把這個字扣除部首以外的筆畫算清楚；最後按照筆畫數目，便可以查到這個單字，或在這個單字下面查到要找的詞語了。

　　凡是按部首編排的字典、辭典，多半附有難檢字的筆畫檢字表，如果遇到不能確定部首的字，可以翻查檢字表。

　　查到了自己所要找的字或詞語以後，要特別注意的是，大多數的字或詞語，往往有好幾個不同的解釋，所以還必須根據文章的上下文，把最適當的解釋挑選出來，才

不會造成錯誤。

　　除了一般所使用的普通辭典以外，還有專門性的辭典，例如有關人名、地名、動物、植物、地質、礦物、教育、文學、成語……等，都各有專門辭典。如果我們遇到比較專門的詞語，在普通辭典裡查不到，就要去查考專門辭典了。各種辭典都有它的使用方法，只要參看它們的例言或說明，便知道怎樣去使用了。

—節選自國中《國文》第一冊〈語文常識〉。國立編譯館—

問答：

1. 字典跟辭典有什麼不同？
2. 除了本文所說的以外，還有哪些編排方式？
3. 你查字、辭典的困難在哪裡？
4. 怎樣才能查得又快又正確？
5. 如何選擇合適的字、辭典？

二、網路字典

　　如果有一句你久未引用的名言，在腦海中搜尋了老半天，仍然找不到一點線索，怎麼辦呢？在以往，你會上圖書館查閱書籍，但如今你有更好的選擇：到網路上，用滑鼠輕輕點幾下，完整的資料立刻呈現眼前，還可以列印、儲存。這就是反應靈敏的網路字典神奇的地方。

　　網路字典包括國語、方言，也分中文、外文。就中文而言，有三部由淺入深的字典，適合中小學生、外國人士使用。《國語小字典》是其中最淺顯的，收錄四千多字，分為部首、全文、圖片三種檢索方式。其次是《國語辭典簡編本》，有六千五百多字，可採取詞目搜尋、圖片檢索兩種方式進入。由於具有真人發音和以圖片點選的功能，對語言學習者幫助很大。《重編國語辭典修訂本》的字庫最大，共計一萬三千多字，十六萬個詞，連海峽對岸的常用詞也有。

　　另外還有一部《成語典》，收錄兩萬八千多則成語，有音讀、釋義、典故說明、書證、辨識、參考詞語、成語接龍、典源等部分，內容豐富詳實，是查考資料的好幫手。而漢英對照的《中文字譜》，把四千多個字分成一百八十類，按照字形相近的原則來排列，並且有簡短的字源解釋，極具特色。

　　你在為書房的空間太小，厚重的傳統字典攜帶不方便，或是沒有時間上圖書館而煩惱嗎？網路字典比誰都了解你的需要，只要你生活在有電腦的世界，就可以上網一試！

問答：

1. 網路字典的優點是什麼？
2. 初、中、高級程度的學生，適合用什麼網路字典？
3. 你在網路上查過什麼其他的字典？

第十四課　消費市場的新客

　　由於以成人為主的消費市場漸趨飽和[1]，青少年「有錢有閒」的消費潛力[2]，近來吸引更多人投入青少年市場的開發，這股風潮[3]直接衝擊[4]國內的消費結構[5]。

　　一份長期暢銷[6]的《青少年週刊[7]》負責人說：「一個禮拜可以賣掉五萬本，幾乎是零庫存[8]。」出版界原來擔心現在年輕人不愛看書的習慣，會導致[9]國內市場萎縮[10]，但青少年在多元化社會中培養[11]出來的新興趣，反而促使出版市場有更多元化的發展。

　　雖然一般青少年沒有收入，但隨著父母的薪水年年增加，青少年的零用金也相對地[12]增加了。另外，不少學生以打工賺取[13]外快[14]，或以現金卡[15]借錢，都使青少年市場的潛力不可忽視[16]。

　　出版界人士表示，迎合[17]青少年的出版品，多半是輕鬆易讀的消遣性「商品」，因此，一本書字數不必太多，就賣得很好。另一方面，為了因應[18]青少年可觀[19]的消費實力，不但傳統書店的商品中，大量增加最容易讓青少年掏腰包[20]購買的言情小說[21]、服飾[22]雜誌、漫畫書和小書卡[23]，甚至還出現了「漫畫屋」之類的漫畫專賣店。在學生顧客多的地方，這一類商店有如雨後春筍般成立。而不管有聲或無聲的出版品，都不忘抓住青少年這群市場上的新客。

除了百貨公司的文具、禮品、運動用品等專櫃[24]與玩具店、速食店,是以青少年為主要客人之外,MTV、KTV、酒吧以及網咖,也都是青少年喜歡流連[25]的地方。這些行業,因青少年的到來而生意興隆[26]。

現在青少年也和成人一樣,品牌意識很強,例如:國中生喜歡 FIDO DIDO 或是 HELLO KITTY 的產品,高中生指名[27]要買萬元以上的 DOPOD 手機 PDA 等高單價的商品。他們出手闊綽[28],而且不像成人般偶爾[29]會討價還價,實在是很好的顧客。這也難怪今日走在街頭,看到的幾乎[30]都是年輕化的商品了。

第十四課　消費市場的新客

生詞　　New Vocabulary

1 飽和 (bǎohé)　V：to saturate; saturation; saturated

這個城市的人口已經飽和了。

2 潛力 (ciánlì / qiánlì)　N：potential; latent capacity; potentiality

3 風潮 (fōngcháo / fēngcháo)

N：a wave (i.e. of fashion)

一部深受歡迎的動物電影，帶動了飼養小動物的風潮。

4 衝擊 (chōngjí)

V/N：to lash; to pound against; to strike against; to deal a blow to

(1) 進口的產品太多，衝擊著本國的工業。
(2) 網路教學為傳統的教學方式帶來很大的衝擊。

5 結構 (jiégòu)　N：structure; construction; composition

6 暢銷 (chàngsiāo / chàngxiāo)

SV/AT：to sell like hotcake; to sell really well

(1) 今年哪一部小說最暢銷？
(2) 這部恐怖電影是有名的暢銷小說改編的。

7 週刊 (jhōukān / zhōukān)　N：a weekly periodical; a weekly publication

8 零庫存 (língkùcún)

N：zero backlog; no additional inventory; no excess inventory

所謂零庫存，是指因為貨物很暢銷而完全沒有庫存。

9 導致 (dǎojhìh / dǎozhì)　V：to lead to; to result in; to cause

常常看太小的字會導致眼睛近視。

10 萎縮 (wěisuō)　V：to atrophy; to dry up and shrink; to shrink back

她的手腳因得病而逐漸萎縮。

11 培養 (péiyǎng)　V：to develop

政府成立一個新的機構培養人才。

12 相對地 (siāngduèide / xiāngduìde)　A：to undergo a relative change; to change in a related fashion

大家的薪水增加了，相對地物價也高了。

13 賺取 (jhuàncyǔ / zhuànqǔ)　V：to make (money); to earn (a salary)

她每天替人照顧小孩，賺取自己的生活費。

14 外快 (wàikuài)　N：extra income; spare income

代課或代班都可以在薪水之外賺一筆外快。

15 現金卡 (siànjīnkǎ / xiànjīnkǎ)　N：a cash card

16 忽視 (hūshìh / hūshì)　V：to ignore; to neglect; to overlook

工作緊張繁忙的人，常會忽視自己的健康。

17 迎合 (yínghé)　V：to cater to; to pander to

迎合顧客需要的商品才會暢銷。

18 因應 (yīnyìng)　V：to respond (to a change); to adjust

社會變化太快，他不知道如何因應。

19 可ㄎㄜˇ觀ㄍㄨㄢ (kěguān)

SV：to be considerable; to be sizeable; to be impressive

她有好幾份工作，收入很可觀。

20 掏ㄊㄠ腰ㄧㄠ包ㄅㄠ (tāoyāobāo)

VO：(literally: to pull out one's purse or pocket) to spend one's own money; to shell out cash; to make a contribution

逛街的時候看到喜歡的東西很難不掏腰包買下來。

21 言ㄧㄢˊ情ㄑㄧㄥˊ小ㄒㄧㄠˇ說ㄕㄨㄛ (yancíng-siǎoshuō / yánqíng-xiǎoshuō)

N：a romance novel

22 服ㄈㄨˊ飾ㄕˋ (fúshìh / fúshì)

N：dress and personal adornment; costume and accessories

服飾雜誌中介紹最新流行的服裝跟飾品。

23 書ㄕㄨ卡ㄎㄚˇ (shūkǎ)   N：a book mark; a book marker

24 專ㄓㄨㄢ櫃ㄍㄨㄟˋ (jhuāngèi / zhuānguì)

N：a specialty counter in a store; a counter (department or section) of a department store responsible for the sale of a certain type of item (i.e. perfume, men's wear, etc.)

25 流ㄌㄧㄡˊ連ㄌㄧㄢˊ (lióulián / liúlián)

V：to be reluctant to leave; to be unwilling to part with

名勝古蹟的美麗風光，使人流連忘返。

26 興ㄒㄧㄥ隆ㄌㄨㄥˊ (sīnglóng / xīnglóng)

SV：prosperous; thriving; flourishing

春節快到了，賣春聯的攤子生意興隆。

27 指ㄓˇ名ㄇㄧㄥˊ (jhǐhmíng / zhǐmíng)

V：to mention by name; to single out by name

因為他的發音正確，學校指名要他參加校外演講比賽。

28 闊綽 (kuòchuò)

SV/AT：to be living in luxury and extravagance; living in luxury and extravagance

生活闊綽的人不一定很有錢，可能是利用信用卡借錢花用。

29 偶爾 (ǒu'ěr) A：occasionally; sometimes; once in a long while

牛排的價位高，偶爾吃一次可以，天天吃就太浪費了。

30 幾乎 (jīhū)

A：nearly; almost

服飾店裡賣的幾乎都是少女裝。

成語與俗語　Proverbs and Common Sayings

1. **有錢有閒 (yǒucián-yǒusián / yǒuqián-yǒuxián)**

   to be idle and have a great deal of money; to have money and time; to be part of the leisure class; the idle rich

   有錢有閒的人最適合做服務性的休閒活動。

2. **雨後春筍 (yǔhòu-chūnsǔn)**

   (literally: to mushroom like bamboo shoots after rain) to expand dramatically; to grow rapidly

   都市的房子已經飽和了，於是郊外的房子像雨後春筍般地蓋起來了。

3. **生意興隆 (shēngyì-sīnglóng / shēngyì-xīnglóng)**

   business is brisk; business is booming

   有些小吃店，店面雖小卻生意興隆，老闆常忙不過來。

4. 出手闊綽 (chūshǒu-kuòchuò)

   (literally: to leave one's hand like spilling water) to spend extravagantly; to throw money around; to waste money

   他一次就買幾百萬元的首飾，出手闊綽，引人注意。

5. 討價還價 (tǎojià-huánjià)

   to bargain; to haggle over a price

   在夜市買東西的人都免不了討價還價。

句型　Sentence Patterns

1. 以……為主
   to give priority to; based on

   (1) 玩電腦遊戲的以年輕人為主。
   (2) 這種食品廣告的對象以老年人為主。
   (3) 以娛樂為主的電影佔大多數。

2. 隨著……，…也相對地……

   along with X ......, Y also reflects the change by ......;
   in the wake of X ......, Y respectively has ......;
   in the same way as X ......, Y has proportionally ......

   (1) 隨著科技的進步，玩具的品質也相對地提高了。
   (2) 隨著經濟的發展，休閒活動也相對地增加了。
   (3) 隨著時間的過去，孩子們也相對地長高了。

3. ……不必太……，就……

   ...... must not be too ......, the result will then be ......;
   ...... should not be exceedingly ......, this will then result in ......;
   ...... need not be (too) ......, this will result in ......

   (1) 一部好電影不必太長，就能吸引觀眾。
   (2) 雨不必下太久，就能使氣溫下降。
   (3) 過年時鞭炮不必放太多，就有歡樂的氣氛。

4. 為了……，不但……，甚至……
   ...... in order to ......, not only ...... , (but) even go so far as to ......;
   ...... with the goal of ......, not only ......, (but) even ......

   (1) 他為了賺錢，不但晚上加班，甚至假日也工作。
   (2) 為了迎合婦女的喜好，不但超級市場賣化妝品，甚至一般服裝店也賣。
   (3) 有些公司為了留住科技人才，不但免費供應午餐，甚至設立托兒所照顧他們的孩子。

問題討論　Questions for Discussion

1. 以成人為主的消費市場為何漸趨飽和？
2. 青少年為何有消費的潛力？
3. 哪些出版品受青少年歡迎？
4. 哪裡是青少年喜歡流連的地方？
5. 為什麼對業者來說青少年是很好的顧客？

練習　Exercises

▼ 選擇相似詞　Select the Word with a Similar Meaning

1. 導致：_____　　a. 造成　　b. 領導
2. 忽視：_____　　a. 重視　　b. 忽略
3. 財主：_____　　a. 富人　　b. 財產
4. 腰包：_____　　a. 腰帶　　b. 錢包
5. 闊綽：_____　　a. 寬闊　　b. 大方

▼ 造句　Make Sentences

1. 潛力：_____
2. 暢銷：_____

3. 導致：_____

4. 迎合：_____

5. 因應：_____

▼ 寫相關字　Write Related Words

例：消費<u>市場</u>
　　超級<u>市場</u>

1. 少年週刊負責人
　　_____負責人

2. 打工賺取外快
　　_____賺取外快

3. 言情小說
　　_____小說

4. 服飾雜誌
　　_____雜誌

5. 消費結構
　　_____結構

閱讀與探討　　Read and Discuss

「少子化」商機

　　「少子化」是全球先進國家共同的現象，日本、歐美如此，臺灣也不例外。因為孩子少，個個都是父母的心肝寶貝，而父母又希望孩子不要輸在起跑點上，於是食、衣、住、行、育、樂各方面，都儘量提供最好的，花起錢來，決不手軟。「少子化」商機，就這樣出現了。

　　首先可以觀察到，購買精品的年齡層下降了。你相信嗎？才小學六年級的女生，竟擁有一個珠寶盒，收藏著一般上班族也買不起的鑽石戒指和翠玉。不止如此，她還有香奈兒小皮包，以及各種服飾的配件。她的母親說，自己從小就享受父親對她的寵愛，因此希望孩子也擁有這份愛。

　　「少子化」的商機也反映在教育方面。由於家長都「望子成龍，望女成鳳」，所以儘管私立小學學費昂貴，暑期海外遊學團的收費也高得嚇人，報名處還是擠滿了家長。如果孩子考試成績好，或是要畢業了，家長往往會買一些高價位的科技產品當做禮物。其中最受孩子喜愛的，就是卡通造型的，有 MP3 音樂功能的，或是有 3G 影像電話功能的手機。

　　這種「少子化」的趨勢，還會促成哪些新的商機呢？讓我們拭目以待吧！

問答：

1. 「少子化」商機是怎麼出現的？
2. 父母在哪些方面很願意把錢花在兒女身上？
3. 貴國有哪些「少子化」商機？

第十五課　新潮與保守

　　你是新潮[1]的,還是保守[2]的人?如果你有許多錢,會選擇怎樣的生活方式?

　　有些走在時代尖端[3]的人,努力工作,實現自我,同時拼命[4]花錢,追求流行,他們的生活模式[5]常常是住在租來的豪宅[6]或飯店中,不開伙[7],假日上健身房[8]或到國外旅行。這種隨遇而安、飄忽不定的生活方式,帶給他們新鮮感與無限的滿足。

　　但社會上也有另一種不同典型[9]的人,他們喜歡家庭生活,重視親子關係,具有濃厚[10]的鄉土[11]意識。如果經濟能力許可[12]的話,他們會到鄉下蓋一棟別墅[13],擁有一片菜圃[14],享受田園生活。表面上看來,雖不及那些人新潮,然而他們卻是永遠不會被時代淘汰[15]的人。

　　這種保守的個性,使得他們做事相當的謹慎[16],必定先擬定[17]計畫。若有喜歡的物品,也會存錢購買。至於高價位,超過經濟範圍[18]的東西,就會理性[19]地打消念頭[20]。對這種人來說,貸款如同負債[21],讓他們覺得芒刺在背。

　　這些人較具憂患意識,他們會不斷地努力增加存款數字,寧可將旅遊的錢省下,買些實用的家具。他們相信人有旦夕禍福,希望至少有兩名子女,並投保[22]壽險[23]。這一切有時是因為缺乏[24]安全感所造成的。這些人從年輕時代起就會

規畫[25]人生，但過於實際，根本不敢隨便冒險[26]。

最令人擔憂[27]的是有些機會到來時，可能暫時破壞了原有的安定生活，例如遇到調職[28]或升遷[29]，這些人往往因而忍痛割愛[30]，以維持現狀，這是思想、做法過度保守的典型。

事實上，有更多的人介於新潮與保守之間，有時安於現狀，有時也會有一些狂想[31]或野心[32]，想嘗試不同的生活方式。畢竟新潮與保守都各有利弊啊！

第十五課　新潮與保守

我是新潮的人
努力工作、
積極消費、
不開伙、上健身院
國外旅行、
拼命賺錢、
住大飯店

我是保守的人
謹守傳統、
重視家庭及親子關係、
有濃厚鄉土意識、
視貸款如負債、
儲蓄置產、
維持現狀不輕易換工作

生詞　　New Vocabulary

1 新潮 (sīncháo / xīncháo)　SV/AT: to be trendy; to be avant-garde

(1) 他的思想很新潮。
(2) 新潮的服裝總是受到年輕人的喜愛

2 保守 (bǎoshǒu)　SV/AT: to be conservative

保守的人是不喜歡變化的。

3 尖端 (jiānduān)　N/AT: the most advanced; cutting edge; state-of-the-art

(1) 服裝設計師設計的服裝永遠走在流行的尖端。
(2) 為了因應時代的需要，政府努力發展尖端科技。

4 拼命 (pīnmìng)

VO: to risk one's life; to be reckless; to do (something) with all one's might; desperately; to overdo (something)

(1) 拼命念書或工作的人常常忽視健康。
(2) 如果有人打他的小孩，他會跟那人拼命。

5 模式 (móshìh / móshì)　N: a model

6 豪宅 (háojhái / háozhái)　N: upmarket homes

這棟豪宅不僅佔地寬廣，室內佈置也很豪華。

7 開伙 (kāihuǒ)　V: to cook

他們夫妻二人每天在飯館吃飯或買便當吃，家裡從來不開伙。

8 健身房 (jiànshēnfáng)　N: a gym

現在新潮的大飯店都設有健身房，供房客使用。

第十五課　新潮與保守

9 典型 (diǎnsíng / diǎnxíng)　　N/SV: a typical case

(1) 他是只靠自己不靠任何人成功的典型。
(2) 「年獸」是典型的中國傳說。

10 濃厚 (nónghòu)　　SV: dense; thick; intense; strong

他對下棋有濃厚的興趣。

11 鄉土 (siāngtǔ / xiāngtǔ)　　N/AT: native soil; home town

(1) 每個人都愛自己的鄉土。
(2) 鄉土小說有濃厚的鄉土風味。

12 許可 (syǔkě / xǔkě)　　V/N: to allow; to permit; a permission

(1) 只要時間許可，我就會去參加公益活動。
(2) 沒有得到政府的許可，任何人都不能在這裡蓋房子。

13 別墅 (biéshù)　　N: a villa; a country house

14 菜圃 (càipǔ)　　N: a vegetable garden

15 淘汰 (táotài)　　V/N/AT: to weed out

在這競爭激烈的時代裡，表現太差的公司都會被淘汰。

16 謹慎 (jǐnshèn)　　A: to be careful

說話做事都應該謹慎，以免出錯。

17 擬定（訂）(nǐdìng)　　V: to draw up or map out (a plan)

在做一件大事以前，要先擬定一個計畫。

18 範圍 (fànwéi)　　N: a scope; a range

學生在考前總要知道老師考試的範圍。

209

19 理性 (lǐsìng / lǐxìng)　SV/A: to be rational

(1) 一生氣就摔東西，是不理性的舉動。
(2) 我們理性地思考一下未來要走的路吧！

20 打消念頭 (dǎsiāo-niàntóu / dǎxiāo-niàntóu)

VO: to deter; to discourage; to desist from/in

(1) 他原來想開一家速食店，現在打消念頭了。
(2) 經過同事的勸告，他終於打消了跳槽的念頭。

21 負債 (fùjhài / fùzhài)　VO/N: to be in debt

他不但沒有存款，還負債三十萬。

22 投保 (tóubǎo)　V: to insure

為了安全，他投保了火險、意外險、壽險等。

23 壽險 (shòusiǎn / shòuxiǎn)　N: life insurance

壽險是「人壽保險」的簡稱。

24 缺乏 (cyuēfá / quēfá)　V: to lack; to be short of

有些國家物資缺乏，必須依賴進口。

25 規畫 (guēihuà / guīhuà)　V/N: to plan; scheme

(1) 市政府正在細心規畫一座森林公園。
(2) 這次的規畫也包括公園四周的人行道。

26 冒險 (màosiǎn / màoxiǎn)　VO/SV: to take a risk

(1) 做事謹慎的人從來不冒一點兒險。
(2) 沒有準備就去爬世界最高峰，太冒險了！

27 擔憂 (dānyōu)　V: to worry about

他缺乏信心，整天擔憂自己做不好事。

28 調職 (diàojhíh / diàozhí)　VO: to transfer to a new post

由於調職，她非搬家不可。

29 升遷 (shēngcian / shēngqiān)

V: to be promoted; to get transferred to a higher position

工作努力的人升遷得比較快。

30 割愛 (gēài)　V: to part with or give up something one treasures

你做的這件藝術品太傳神了，我很喜歡，你能不能割愛？

31 狂想 (kuángsiǎng / kuángxiǎng)　N/AT: frivolity; uninhibitedness

(1) 他突發狂想，要到沙漠中去住一年。
(2) 「狂想曲」是有民族特色的音樂，「小人物狂想曲」則是一部電影。

32 野心 (yěsīn / yěxīn)　N: ambition

以前有些國家具有統治別的國家的野心。

成語與俗語　Proverbs and Common Sayings

1. **少年老成 (shàonián-lǎochéng)**
young but competent; accomplished though young; mature though young in years
少年老成的人比較穩重。

2. **芒刺在背 (mángcìh-zàibèi / mángcì-zàibèi)**
(literally: to have ei sharp prickles in the back) to be worried; to be ill at ease
他欠了別人的錢，好像芒刺在背。

3. 隨遇而安 (suéiyùérān / suíyùérān)
   to feel at ease under all circumstances

   隨遇而安的人是最能適應新環境的。

4. 飄忽不定 (piāohū-bú-dìng)
   (literally: to float about in the air without a fixed direction) to have no fixed address; to be transient

   過了幾年飄忽不定的生活以後，他想安定下來。

5. 憂患意識 (yōuhuàn-yìshíh / yōuhuàn-yìshì)
   to be conscious of one's troubles or worries

   生活遭遇過困難的人比較有憂患意識。

6. 旦夕禍福 (dànsì-huòfú / dànxì-huòfú)
   (literally: the good fortune and misfortune which may arise between dawn and dusk) unpredictable changes in one's fortune twists of fate

   天有不測風雲，人有旦夕禍福。

7. 維持現狀 (wéichíh-siànjhuàng / wéichí-xiànzhuàng)
   to maintain the status quo

   如果現在的情況很好，那就維持現狀吧！

句型　Sentence Patterns

1. ……帶給……
   to bring ....

   (1) 喜劇片總是帶給觀眾很多歡樂。
   (2) 喪偶帶給他永遠的創痛。
   (3) 新工作帶給我無限的希望。

2. ……雖不及……，然而卻是……
   X ...... although unable to meet the standards of ......, nevertheless is ......;

第十五課　新潮與保守

Though X does not come up to me expectations of ......, it still in fact is ......;
Although X is not up to the standards of ......, nevertheless it is ......

(1) 這個博物館雖不及你們國家的，然而卻是我國最大的。
(2) 他的中國功夫雖不及我，然而卻是孩子們喜歡的。
(3) 他的智力雖不及其他的同學，然而卻是全班最用功的。

3. 若有……也會……

If X has Y ...... then X also would ......;
If Y is available then X would ......

(1) 雖然她很節省，但若有合適的衣服，她也會買。
(2) 你若有好的對象，也會結婚吧！
(3) 我若有好的機會，也會出國留學。

4. 從……就……，但過於……

X from the time when ...... has always ......, but ...... is exceedingly ......;
X ever since ...... alwnys has ......, however ...... has to excess ......

(1) 他從小就喜歡念書，但過於死記，不知活用。
(2) 這種服飾從去年就開始流行了，但過於新潮，有些人不敢穿。
(3) 新的交通規則從三年前就開始實行了，但過於嚴格，違規的人很多。

易混淆的詞　　Easily Confused Words

1. **淘汰 (táotài)**

    V/AT/N: to weed out; to eliminate the inferior (good, contestants, etc.); to scour; to clear out

    沒有競爭心的人，會被淘汰。

    排除 (páichú)

    V: to get rid of, to remove; to eliminate; to expel; to overcome (difficulty, fear, etc.)

    在動亂時代，人們不能排除憂患意識。

取ㄑㄩˇ消ㄒㄧㄠ (cyǔsiāo / qǔxiāo)

V: to abolish; to cancel

下週的聚會取消了。

2. 尊ㄗㄨㄣ重ㄓㄨㄥˋ (zūnjhòng / zūnzhòng)

V/N: to venerate; to honor; to hold in reverence; to respect

人人都應該尊重別人的意見。

尊ㄗㄨㄣ敬ㄐㄧㄥˋ (zūnjìng)

V/N: to revere; to respect; respect; reverence

受尊敬的人,一定有完美的人格。

恭ㄍㄨㄥ敬ㄐㄧㄥˋ (gōngjìng)

SV/A: to be respectful

(1) 他對長輩很恭敬。
(2) 她恭敬地端一杯茶給客人。

3. 規ㄍㄨㄟ畫ㄏㄨㄚˋ (guēihuà / guīhuà)

V/N: to map out or draw up (a plan); a plan; a scheme

學校規畫了一套教學程序。

企ㄑㄧˋ畫ㄏㄨㄚˋ (cìhuà / qìhuà)

AT/V/N: to design; to lay out; to plan; to make a scheme

(1) 貿易公司的企畫部常常得有新策略。
(2) 這家公司正在企畫一件大案子。

計ㄐㄧˋ畫ㄏㄨㄚˋ (jìhuà)

V/N: to pevise; to plan; a program; a plan

暑假到了,家家都計畫一次遠程旅行。

4. 維持 (wéichíh / wéichí)

V: to preserve; to maintain; to keep

你的中文能維持現狀就很好，不能退步啊！

保持 (bǎochíh / bǎochí)

V: to maintain; to keep

開車的時候，應注意跟前後的車保持距離。

堅持 (jiānchíh / jiānchí)

V: to insist; to maintain unyieldingly

他堅持要去冒這次險，勸他也不聽。

問題討論　Questions for Discussion

1. 你是新潮的人？還是保守的人？
2. 你想新潮的人對人生的看法是怎樣的呢？
3. 保守的人看見喜歡的物品但價錢太高會怎麼樣？
4. 憂患意識是什麼？
5. 保守的人有什麼優點？有什麼缺點？

練習　Exercises

▼ 選擇相似詞　Select the Word with a Similar Meaning

1. 未必：_____　　a. 不一定　　b. 一定　　c. 未來
2. 不開伙：_____　a. 不吃飯　　b. 不做飯　　c. 不買飯
3. 不及：_____　　a. 不願　　　b. 來不及　　c. 比不上
4. 謹慎：_____　　a. 小心　　　b. 有耐心　　c. 粗心

5. 貸款：＿＿＿＿＿＿　　a. 代表　　b. 存款　　c. 借錢

6. 維持：＿＿＿＿＿＿　　a. 保持　　b. 支持　　c. 堅持

解釋　Define the Following Terms

1. 別墅：

2. 消費：

3. 負債：

4. 淘汰：

5. 升遷：

填空　Use the Following to Fill in the Blanks

1. 新潮的人拼命＿＿＿＿＿＿追求＿＿＿＿＿＿。

2. 新潮的人在假日時上＿＿＿＿＿＿房或到國外＿＿＿＿＿＿。

3. 對保守的人來說貸款如同＿＿＿＿＿＿，讓他們覺得＿＿＿＿＿＿在背。

4. 有些人希望到鄉間蓋一棟＿＿＿＿＿＿，擁有一片＿＿＿＿＿＿。

5. 有些人不喜歡＿＿＿＿＿＿而安、＿＿＿＿＿＿不定的生活方式。

6. 具憂患＿＿＿＿＿＿的人相信人有旦夕＿＿＿＿＿＿，一定投保＿＿＿＿＿＿。

7. 遇到調職升遷，保守的人往往會忍痛＿＿＿＿＿＿以維持現狀。

分辨下列各字，加字成詞　Differentiate the Characters Below and Combine them with Other Characters to Create Words or Phrases

例：潮：新潮，潮水；朝：朝代，清朝

1. 謹：
   僅：

2. 租：
   祖：

3. 傳：
   轉：

4. 型：
   形：

5. 嚮：
   鄉：

6. 購：
   構：

7. 貸：
   貨：

8. 壞：
   環：

閱讀與探討　　Read and Discuss

一、成語故事：刻舟求劍

從前有個人，有一天坐船渡江，他的劍從船邊掉到水裡去了，他馬上在船邊刻了一個記號，說：「我的劍就是從這裡掉下去的。」

船過了江，到了對岸，停下來了，他馬上從刻的記號處下水去找，找了很久都沒找到，他覺得很奇怪，心裡想：「我的劍明明是從這裡掉下去的，怎麼找不到呢？」

問答：
1. 這個人為什麼找不到他的劍？
2. 這個故事是什麼意思？

二、養成儲蓄的好習慣

　　你聽過「月光族」這個名詞嗎？這一族的人並非喜歡欣賞美麗的月光，而是每月把薪水花光光，不剩一塊錢。他們沒有存錢的習慣，錢到手就痛快地花，花完了就痛苦了。遇事需用錢時只好低聲下氣地向別人借，還常遭人拒絕或聽了一堆諷刺的話，真是一點尊嚴也沒有了。

　　相反的，另有一種人，從小就存錢，把每週的零用錢、每年的壓歲錢大部分都存起來，年齡大一點時把課餘打工的錢也存起來，看見自己存摺上的數字日漸增多，非常高興，更加努力存錢了，等到他自學校畢業後，有了正式的工作，存的錢更多了。在同年齡的人中，他算是個「富人」了。這樣的人快樂、有自信、有尊嚴，更有憂患意識，深明「居安思危」、「有備無患」的道理。

　　「月光族」也不要氣餒，存錢永遠不嫌晚，不要一直拖延下去，趕快養成儲蓄的好習慣吧！

問答：

1. 你是「月光族」嗎？要是你的錢提早花光了怎麼辦？
2. 你從小就儲蓄嗎？儲蓄為你帶來什麼好處？

第十六課 李天祿的掌中戲和茶藝

　　掌中戲大師李天祿，從十四歲起和掌中戲結緣[3]，就一直執著[4]於這份民俗技藝[5]。幾十年下來，不僅演遍大江南北，贏得[6]掌聲[7]，同時也到歐美各國巡迴[8]公演，教外國人看掌中戲，學掌中戲。另外，他還迷戀[9]著一份茶香。他常說自己不喝茶，就吃不下飯。喝茶對他來說不是雅事[10]，而是生活中必不可缺的事。他的學生也愛上了喝茶，他們除了學演掌中戲，就是學品茗[11]。

　　茶藝在當時是很時髦[12]的。喝茶時，除了燙壺[13]、溫杯[14]、注水[15]等動作外，還得注意傳統的禮數[16]。李天祿認為將茶水浸久一些較能泡出味道，所以晚些倒茶給客人成為一種尊重，先倒茶給自己則象徵謙遜[17]。

　　李天祿喝茶時沒有「亦宛然」戲團雕樑畫棟的舞臺，有的只是一把不鏽鋼[18]的水壺、宜興茶壺加上鶯歌燒製的茶杯而已。他認為好茶滑溜[19]像茶油，入口即化，感覺上好像沒經過嘴巴就滑入喉嚨，但不久回味無窮，兩頰生津。李天祿的茶齡[20]和戲齡一樣長，從二十二歲自組「亦宛然」戲團開始，平均[21]一年三百臺戲，每場都必攜茶為伴。

　　雖然每天喝茶，李天祿卻很少自己買茶，平時不是茶農送茶，就是戲迷或是仰慕[22]者送茶。茶的種類繁多，其中他最中意[23]的是武夷茶。若有出國機會，他就找茶，買回好

茶，與戲團中的人，以及好友、學生一同分享²⁴。

　　他得知唐朝⑥陸羽⑦寫《茶經》⑧，大談喝茶之道後，曾經有興趣以陸羽為主角，編寫²⁵一齣²⁶掌中戲。他在嘗試中，發現木偶²⁷的握茶、品茶可以栩栩如生，令他十分興奮。可惜他還來不及實現這個願望，就以八十八歲的高齡離開人間了。

　　李天祿控制著手中的木偶，傳神²⁸地演出悲歡離合，人情世事，自己也成了戲中人。他生前參加過好幾部電影的演出，其中有一部「戲夢人生」⑨，演的是他年輕時代的故事。他一生獻身民俗技藝，又愛喝茶，「李天祿」這三個字將和「掌中戲」與「茶藝」結合²⁹在一起，永遠留在世人的記憶³⁰中。

　　～改寫自《行遍天下》雜誌〈茶戲人生〉，
　　　原作者池宗憲～

第十六課　李天祿的掌中戲和茶藝

生詞 — New Vocabulary

1 掌中戲 (Jhǎngjhōngsì / Zhǎngzhōngxì)

PN: 用手操縱人物表演的戲，又叫布袋戲。
a hand-puppet performance; a puppet show

2 茶藝 (cháyì) N: the art of preparing tea

3 結緣 (jiéyuán)

VO: to form a connection or bond; to associate on good terms; to have a bond or connection

她從小就跟花結了緣。後來她學種花、插花，大學時，她念園藝系。

4 執著 (jhíhjhuó / zhízhuó)

V/SV: to be committed (e.g. to a cause, an issue, etc.)

(1) 這個學生執著於師生之禮。
(2) 我勸他對於日常小事不用太執著。

5 民俗技藝 (mínsú-jìyì)

N: arts or crafts unique to a certain people or nation

6 贏得 (yíngdé) V: to win; to gain

她用功讀書又熱心公益，贏得老師、同學的誇獎。

7 掌聲 (jhǎngshēng / zhǎngshēng) N: clapping; applause

8 巡迴 (syúnhuéi / xúnhuí)

V/AT: to circulate; to make rounds; to make a circuit of; to tour around

這個合唱團要到全國各地巡迴表演。

9 迷戀 (míliàn) V: to be infatuated with; to indulge in

孩子們不要因迷戀電動玩具而忘了念書。

10 雅事 (yǎshìh / yǎshì)　　N: the refined activities of the intelligentsia

11 品茗 (pǐnmíng)

VO: to drink tea with critical appreciation of its taste and quality; to savor a cup of good tea

爸爸喜歡跟好友一起品茗。

12 時髦 (shíhmáo / shímáo)

SV/AT: (a) to be stylish, fashionable; to be in vogue
　　　　(b) stylish, fashionable

(1) 她穿的衣服很時髦。
(2) 電腦設計師是一種時髦的行業。

13 燙壺 (tànghú)　　VO: to heat a (tea) pot

泡茶以前要先用熱水燙壺。

14 溫杯 (wūnbēi / wēnbēi)　　VO: to warm the (tea) cup

燙壺以後再溫杯。

15 注水 (jhùshuěi / zhùshuǐ)　　VO: to pour water

泡茶時要注入滾水。

16 禮數 (lǐshù)

N: different grades of courtesy based on differences in one's rank

禮數是指在什麼樣的情形下，有什麼樣的禮貌。

17 謙遜 (ciānsyùn / qiānxùn)　　SV/AT: to be modest and unassuming

(1) 他的態度總是那麼謙遜。
(2) 謙遜的人總是受到別人的尊敬。

18 不鏽鋼 (búsiòugāng / búxiùgāng)

N: stainless steel (non-rusting steel)

19 滑溜 (huáliōu / huáliū)   SV/AT: to po smooth; to be slippery

地太滑溜，走路要小心，以免滑倒。

20 茶齡 (chálíng)

N: length of time spent acquainting oneself with tea (often said in regard to the practice of a tea expert)

21 平均 (píngjyūn / píngjūn)   V/SV/AT: average; on average

(1) 他平均一個禮拜上兩次健身房。
(2) 臺灣各地的降雨量都很平均。
(3) 這是全班學生的平均成績。

22 仰慕 (yǎngmù)

V: to hold somebody in high esteem; to greatly respect someone

我仰慕那些有學問仍不斷努力研究的人。

23 中意 (jhòngyì / zhòngyì)

V: to be to one's liking; to be to one's preference

這家鞋店的鞋子，你有中意的嗎？

24 分享 (fēnsiǎng / fēnxiǎng)   V: to share

我做了一個大蛋糕請朋友分享。

25 編寫 (biānsiě / biānxiě)   V: to compile

李教授打算編寫一部地名大詞典。

26 齣 (chū)   M: measure word for (stage) plays

這家戲院每天演三齣戲。

第十六課 李天祿的掌中戲和茶藝

27 木偶 (Mùǒu/ Mùǒu)　hand-puppet

28 傳神 (chuánshén)　SV: to be vivid; to be life-like

他畫的人或動物都很傳神。

29 結合 (jiéhé)　V: to combine; to integrate

結合平劇和歌劇的表演帶給人新鮮感。

30 記憶 (jìyì)　N/AT: memory; recollection; to memorize

(1) 在記憶中，他的父親是一個很謙遜的人。
(2) 隨著年齡的增加，老人的記憶力越來越差了。

專有名詞　Proper Names

① 李天祿 (Lǐtiānlù)　PN: 掌中戲大師(1910~1998)
the name of a famous master puppeteer

② 亦宛然 (Yìwǎnrán)　PN: 掌中戲戲團
the name of a puppet theater troupe

③ 宜興 (Yísīng / Yíxīng)　PN: 江蘇省地名，以出產茶壺有名
a county in Jiang Su province famous for its tea pots

④ 鶯歌 (Yīnggē)　PN: 臺灣省地名，著名的陶瓷產地
a village in Taiwan famous for its pottery

⑤ 武夷茶 (Wǔyíchá)　PN: 福建武夷山出產的茶
a special tea harvested from Wu Yi mountain in Fu Jian province

⑥ 唐朝 (Tángcháo)　PN: 中國的朝代名
China's Tang Dynasty (618 A.D.—907 A.D.)

⑦ 陸羽 (Lùyǔ)　N: 《茶經》一書的作者
the "tea-maniac"（茶顛）, a Tang dynasty man-of-letters who was so fond of tea that he wrote the book 茶經.

⑧ 茶經 (Chájīng)　PN: 書名，陸羽所著

A book written by 陸羽 during the Tang Dynasty.
The book touches on every aspect of tea drinking; including not only how to choose good teas, but also how to go about preparing and drinking them.

⑨ 戲夢人生 (Sìmèngrénshēng / Xìmèngrénshēng)
PN: 電影名，侯孝賢導演，1993年獲獎

成語與俗語　　Proverbs and Common Sayings

1. 大江南北 (dàjiāng-nánběi)
   (literally: both sides of the Yangtse River- the dividing line between North and South China); throughout a vast area

   大江南北的風景、氣候都不一樣。

2. 雕樑畫棟 (diāoliáng-huàdòng)
   (literally: carved beams and painted rafters) an ornate building

   如果住在雕樑畫棟的屋子裡，你有什麼感覺？

3. 入口即化 (rùkǒu-jíhuà / rùkǒu-jíhuà)
   to melt in your mouth

   冰淇淋入口即化。

4. 回味無窮 (huéiwèi-wúcyóng / huíwèi-wúqióng)
   to endlessly enjoy in retrospect; to ponder and savor over and over again; unforgettable

   看了這部電影使我回味無窮。

5. 兩頰生津 (liǎngjiá-shēngjīn)
   to be mouth watering; to whet one's appetite

   吃了她做的菜使大家兩頰生津。

第十六課　李天祿的掌中戲和茶藝

6. **悲歡離合 (bēihuān-líhé)**

   the sorrows of partings and the joys of reunions which life has to offer; the varied (and often bitter) experiences which life has to offer

   古今中外的戲劇都是表現悲歡離合的。

7. **人情世事 (réncíng-shìhshìh / rénqíng-shìshì)**

   human feelings, sympathies and the affairs of human life; the way of the world; the ways of human beings and society

   小孩子不懂人情世事，父母得慢慢教導。

8. **栩栩如生 (syǔsyǔ-rúshēng / xǔxǔ-rúshēng)**

   to be life-like; to be true-to-life

   他畫的老虎栩栩如生。

句型　Sentence Patterns

1. V遍

   all over; a measure word to express the number of times in doing something

   (1) 他走遍全世界，去拍保護自然生態的影片。
   (2) 這個戲迷幾乎聽遍所有的戲。
   (3) 吃遍天下美味是美食家的夢想。

2. 除了……還得……

   …… besides …… still must ……;
   …… in addition to …… also must ……

   (1) 今年我除了戒菸還得戒酒。
   (2) 她每天除了上班還得做家事。
   (3) 表演掌中戲，除了手中控制木偶，嘴裡還得發出聲音。

3. ……沒有……，有的只是……

   …… has no …… all that can be found is ……;

...... does not have ...... all that there is, is ......

(1) 這個山上沒有人，有的只是一群一群的羊。
(2) 窮人的家裡沒有美觀的家具，有的只是破桌椅而已。
(3) 這裡沒有大河，有的只是小溪而已。

4. ……對……來說，不是……而是……
in regards to X, is not ...... but is actually ......;
in the case of X, (the case) is not ...... but in fact is ......

(1) 教書對他來說不是苦而是樂。
(2) 對中年人來說，營養過多不是有益而是有害。
(3) 孩子太多對一個家庭來說不是樂而是苦。

5. 大談……之道
to talk about ...... the way to ......

(1) 老人喜歡跟別人大談保養（養生）之道。
(2) 他在報上寫文章，大談環保問題的解決之道。
(3) 婚姻專家在演講中大談夫妻相處之道。

易混淆的詞 | Easily Confused Words

1. **執著 (jhíhjhuó / zhízhuó)**
   V: to maintain; to uphold

   他執著於自己的原則，從不接受別人的建議。

   固執 (gùjhíh / gùzhí)
   SV/V: to be stubborn; to be obstinate

   (1) 他很固執，不輕易改變生活上的習慣。
   (2) 他總是固執己見，不聽別人的勸告。

頑ㄨㄢˊ固ㄍㄨˋ (wángù)
SV: to be very conservative; to be ultra-conservative
老人多半很頑固，不喜歡新的式樣。

2. 迷ㄇㄧˊ戀ㄌㄧㄢˋ (míliàn)
V: to be infatuated with; to be in blind love with
我們迷戀海邊的落日，真捨不得離開。

迷ㄇㄧˊ上ㄕㄤˋ (míshàng)
V: to be fascinated by
小孩子迷上了拼圖遊戲，越拼越有經驗。

著ㄓㄠˊ迷ㄇㄧˊ (jháomí / zháomí)
SV: to become absorbed by; to be caught up in
武俠小說令人著迷，有人看得廢寢忘食。

沉ㄔㄣˊ迷ㄇㄧˊ (chénmí)
V: to be addicted to; to be hooked on
他沉迷於賭博，以致家破人亡。

3. 時ㄕˊ髦ㄇㄠˊ (shíhmáo / shímáo)
SV/AT: to be fashionable; to be in vogue

(1) 她打扮得很時髦。
(2) 她剪了一頭時髦的短髮。

流ㄌㄧㄡˊ行ㄒㄧㄥˊ (lióusíng / liúxíng)
V/SV: to be prevalent; to be popular
現在流行短髮。現在短髮很流行。

摩ㄇㄛˊ登ㄉㄥ (módēng)

SV/AT: to be modern; to be fashionable

(1) 他家的家具十分摩登，都是現代化式樣。
(2) 摩登的家具很受年輕人的喜愛。

4. 禮ㄌㄧˇ數ㄕㄨˋ (lǐshù)

N: different grades of courtesy based on differences in one's rank

這個人過年過節總是送點保養品給老人家，禮數非常周到。

禮ㄌㄧˇ貌ㄇㄠˋ (lǐmào)

N: etiquettes good manners; decorum

有禮貌的人是以誠懇的態度對待別人。

禮ㄌㄧˇ節ㄐㄧㄝˊ (lǐjié)

N: the rules of politeness; the requirements ot decorum

中國人接待客人應有的禮節越來越簡化了。

5. 象ㄒㄧㄤˋ徵ㄓㄥ (siàngjhēng / xiàngzhēng)

V: to symbolize; to signify

紅色的玫瑰花象徵愛情，白色象徵純潔。

代ㄉㄞˋ表ㄅㄧㄠˇ (dàibiǎo)

V/N: to represent; to stand for

他代表國家出席國際會議。

6. 謙ㄑㄧㄢ遜ㄒㄩㄣˋ (ciānsyùn / qiānxùn)

AT/SV: a modest and unassuming nature

(1) 謙遜的人有禮讓的態度。
(2) 他對人總是那麼謙遜，所以大家都喜歡他。

謙虛 (ciānsyū / qiānxū)

SV: to be modest; to be self-effacing

他很謙虛，總是說自己的成就不算什麼。

虛偽 (syūwèi / xūwèi)

AT/SV: to be hypocritical; to be false; to be insincere

虛偽的人不算謙虛，而是不實在。

問題討論　Questions for Discussion

1. 你看過掌中戲嗎？是怎樣表演的？
2. 李天祿到過什麼地方表演掌中戲？
3. 他除了喜歡掌中戲，還迷戀著什麼？
4. 為什麼李天祿很少買茶？
5. 他的學生裡有些什麼人？跟他學什麼？

練習　Exercises

▼ 選擇相反詞　Select the Word or Phrase with the Opposite Meaning

1. 時髦：_____　a. 過時　b. 流行　c. 現代
2. 尊重：_____　a. 尊敬　b. 輕視　c. 輕微
3. 謙遜：_____　a. 驕傲　b. 謙虛　c. 順從
4. 分享：_____　a. 共享　b. 享有　c. 獨享
5. 雅事：_____　a. 文雅　b. 俗事　c. 粗俗

▼ 選擇同音字　Select the Character with the Same Pronunciation

1. 浸：_____　a. 侵　b. 進　c. 淨

2. 亦：＿＿＿＿＿＿　　a. 也　　b. 意　　c. 夷

3. 齣：＿＿＿＿＿＿　　a. 出　　b. 句　　c. 處

4. 倆：＿＿＿＿＿＿　　a. 俩　　b. 兩　　c. 涼

5. 攜：＿＿＿＿＿＿　　a. 溪　　b. 期　　c. 摧

6. 鏞：＿＿＿＿＿＿　　a. 透　　b. 誘　　c. 秀

7. 仰：＿＿＿＿＿＿　　a. 迎　　b. 昂　　c. 養

8. 遜：＿＿＿＿＿＿　　a. 訓　　b. 孫　　c. 順

▼ 填空　　**Use the Following to Fill in the Blanks**

1. 李天祿從十四歲起和＿＿＿＿戲＿＿＿＿，就一直＿＿＿＿於這份民俗＿＿＿＿。

2. 茶藝除了＿＿＿＿壺、＿＿＿＿杯、＿＿＿＿水等動作外，還得注意傳統喝茶的＿＿＿＿。

3. 他認為好茶入喉，＿＿＿＿像茶油，入口＿＿＿＿。

4. 他喝茶時沒有＿＿＿＿畫棟的舞臺，只有一把不＿＿＿＿水壺和鶯歌＿＿＿＿的茶杯而已。

5. 他控制著手中的木偶，＿＿＿＿地演出悲歡＿＿＿＿。

閱讀與探討　Read and Discuss

成語故事：扶老攜幼

　　孟嘗君是戰國時代齊國的貴族，做齊國的宰相很多年，他有個封國叫薛，是他父親傳給他的，薛國的人民每年要交稅給他，幾年來收成不好，人民欠了很多錢，孟嘗君要找人去收錢，他家有兩、三千個食客，只有一個叫馮諼的願意去。孟嘗君很高興。於是馮諼坐上馬車，帶著孟嘗君給他的薛國人民的債券，要到薛國去，臨走前問孟嘗君：「我收完了債，買些什麼東西回來呢？」孟嘗君說：「你看我家缺少什麼，就買什麼好了。」到了薛國，召集那些欠債的人都來對一下債券，對完以後，馮諼就站起來假傳孟嘗君的命令說：「這些債都給你們了，不用還了。」於是把債券都燒了，人民高興極了，大聲喊著：萬歲！萬歲！

　　馮諼很快地回到齊國，一大早就去見孟嘗君，孟嘗君問：「債都收完了嗎？怎麼回來得這麼快？」馮諼說：「債都收完了。」孟嘗君又問：「買了什麼回來？」馮諼說：「您說看您家少什麼就買什麼，我想您家中珍寶很多，外面馬房、狗房裡滿滿的都是名貴的狗馬，後宮都是美女，您家缺少的是『義』，所以我給您買了『義』。」孟嘗君說：「怎麼買的『義』呢？」馮諼說：「您只有一個小小的薛國，不但不能愛民如子，還要在他們身上取利，所以我假傳

您的命令把債都給了人民,把債券燒了,人民都歡呼萬歲,這就是我給您買的『義』啊!」孟嘗君聽了很不高興,這麼多的錢都不見了,而『義』在哪裡呢?真是看不見,也摸不著。但他沒說什麼,只說:「先生,你休息吧!」

　　過了一年,齊國國王不要孟嘗君做宰相了,換別人做,孟嘗君失了官位,只好回到薛國去,這時眾多的食客都散去了,只有馮諼跟著他。走到離薛國還有百里遠的地方,只見人民扶老攜幼(扶著老人,帶著小孩),全家出動,在路上歡迎孟嘗君,孟嘗君高興地回頭對馮諼說:「你一年前給我買的『義』,我今天才看到!」

問答:

1. 你覺得馮諼買義對嗎?
2. 為什麼孟嘗君家裡的食客都散去了呢?

第十七課　十二生肖[1]

　　華人除了姓名、籍貫[2]之外，最重要的代表性標記就是「生肖」，也就是人人常互問的「你屬[3]什麼？」。不論是年長的人，或是剛上幼稚園的小朋友，都能清清楚楚地說出自己屬哪一個生肖。生肖在華人生活中確實[4]佔有一席之地，而且也是個人人津津樂道的話題。

　　在中華民族最早的文獻[5]中，便記載[6]著不少有關十二生肖的傳說。古人一向以十二地支[7]——子①、丑②、寅③、卯④、辰⑤、巳⑥、午⑦、未⑧、申⑨、酉⑩、戌⑪、亥⑫來代表年，再選十二種動物去配合，不僅使人容易記住，也增加不少趣味。

　　關於十二生肖的順序[8]怎麼排列[9]成的，更有不少令人捧腹的故事。為什麼十二生肖中沒有貓？為什麼老鼠排在第一位？現在介紹一個民間比較熟知的傳說，信不信由你。

　　從前天上的玉皇大帝⑬要選十二種動物來配合十二地支，於是舉行賽跑，先到的十二名就按先後順序排下來。賽程中有一條河，不諳[10]水性的貓和鼠，只好央求[11]老牛背他們過河。快到岸邊[12]時，為了爭第一，老鼠竟然把貓推下河去。等到接近陸地[13]時，老鼠一躍[14]而上，趕在牛的前面，得到第一。牛跟著上來，排在第二，隨後而來的是虎、兔、龍、蛇、馬、羊、猴、雞、狗、豬。貓不幸落選[15]了。這個說法也告訴我們，為什麼貓跟鼠會彼此仇視了。

在十二個生肖中，動物的形象[16]也常印證[17]在人的個性、舉止[18]上，比方說屬鼠的善於[19]節約儲蓄，比較機警[20]；屬牛的外表悠閒[21]，內心固執[22]，屬虎的威風凜凜，十分勇敢；屬兔的性情[23]溫和，容易跟人相處……。我們也時常聽人說：「我屬豬，我從來不吃豬肉。」「怪不得他那麼好吃懶做，原來他屬豬啊！」你仔細[24]想想，你的個性跟你的生肖有相像的地方嗎？

　　生肖文化並不只是華人獨有的文化，因為生肖是一種圖騰獸[25]，也是一種年神[26]，像古埃及⑭、巴比倫⑮、非洲等地，也都有十二肖獸，只是各地所用的動物種類不同。古巴比倫的十二肖獸，甚至以貓為第一位呢！近年來在西方盛行的巴比倫星座[27]也傳到世界各地，年輕人之間，多以自己的星座來推測運氣及當作擇友的參考。對華人來說，「你是什麼星座？」跟「你屬什麼？」一樣，都成為熱門的話題。

　　每逢[28]新年，華人總是歡歡喜喜迎接新的值年[29]生肖，再加上各種吉利話，如羊年代表吉祥[30]，馬年代表奔騰[31]，豬年象徵財富等。總之，年年都是如意吉祥的歲月[32]。

第十七課　十二生肖

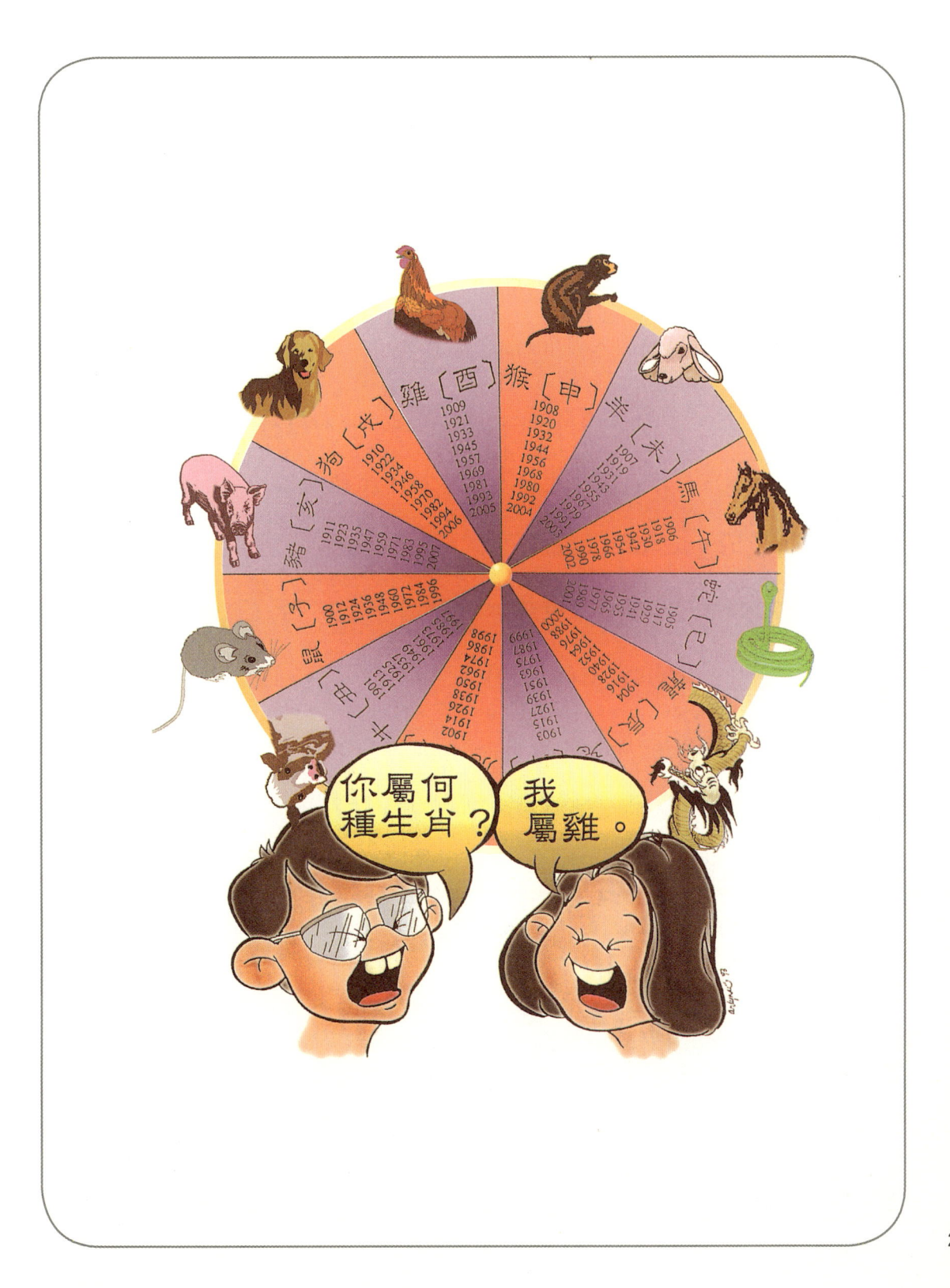

你屬何種生肖？
我屬雞。

實用視聽華語 5

| 生詞 | New Vocabulary |

1 生肖 (shēngsiào / shēngxiào)

N: One or all of the 12 symbols or signs of thes Chinese horoscope. Each of these signs is represented by an animal. Unlike the Western horoscopic system which assigns a sign for a period of a month, the Chinese system assigns a sign for each year of a twelve-year cycle.

2 籍貫 (jíguàn)　　N: one's hometown; one's native soil

3 屬 (shǔ)　　V: to belong to (the sign of, etc.); to be governed by (the sign of, etc.)

今年生的小孩屬雞，明年生的屬狗，後年生的屬豬。

4 確實 (cyuèshíh / quèshí)　　A: to be reliable; to be certain; to be true

我確實不知道這件事是誰做的。

5 文獻 (wúnsiàn / wénxiàn)　　N: document; literature

6 記載 (jìzài)　　V: to state; to document; to record

古書中記載著古人的生活經驗和思想觀念。

7 地支 (dìjhīh / dìzhī)

V: The Terrestrial Branches used in calculation with the Celestial Stems; the 12 Chinese horoscopic symbols

8 順序 (shùnsyù / shùnxù)　　N: an order; a sequence

9 排列 (páiliè)　　V: to arrange in order; to fall into rank

教材中的生詞都是按照出現的順序排列的。

10 諳 (ān)　　V: to be skilled in; to know well; to be versed in; to be fami-liar with

他因不諳法律,常常違法。

11 央求 (yāngcióu / yāngqiú)　V: to beg; to implore; to entreat

他一遇到困難就央求朋友幫助。

12 岸邊 (ànbiān)　N: a bank; a coast; a shore

那條小河的岸邊有一片茂密的樹林。

13 陸地 (lùdì)　N: the land

你知道全世界陸地跟海洋的比率是多少嗎?

14 躍 (yuè / yào)　V: to jump; to leap; to spring; to bound

這個人真厲害,一躍就過了牆。

15 落選 (luòsyuǎn / luòxuǎn)

VO: to lose an election; to not be selected; to be unable to make the list in an election

這次選舉,王家三個兄弟都落選了。

16 形象 (síngsiàng / xíngxiàng)　N: an image

政治人物很怕破壞自己的形象,所以一言一行都很謹慎。

17 印證 (yìnjhèng / yìnzhèng)　V: to verify; to confirm; to corroborate

我不大相信他說的話,我要找人來印證一下。

18 舉止 (jyǔjhǐh / jǔzhǐ)　N: bearing; manner; behavior; air

19 善於 (shànyú)　V: to be adeptat; to be good at

貓善於捕捉老鼠。

20 機警 (jījǐng)

SV/AT: to be alert; to be quick-witted; to be sharp; to be vigilant

山上的動物都很機警。

21 悠閒 (yōusián / yōuxián)

SV: to be leisurely; to be unhurried; to be carefree

放年假的時候,他每天吃吃喝喝,看看書,過得很悠閒。

22 固執 (gùjhíh / gùzhí)

SV: to be obstinate; to be stubborn; to be opinionated

固執的人不容易接受別人的意見,常常跟別人吵架。

23 性情 (sìngcíng / xìngqíng)   N: a temperament; a disposition

兔子和羊都是性情溫和的動物。

24 仔細 (zǐhsì / zǐxì)   SV/A: careful; painstaking

(1) 大醫院的健康檢查,檢查得特別仔細。
(2) 商品的瑕疵要仔細看才找得出來。

25 圖騰獸 (túténgshòu)

N: totemic animals; animals with religious or symbolic significance

26 年神 (niánshén)

N: deities or spirits assigned to a year

27 星座 (sīngzuò / xīngzuò)   N: a constellation (of stars)

28 逢 (fóng / féng)   V: to come across

每逢春節,大家都逢人就說恭喜。

29 值年 (jhíhnián / zhínián)

AT: to be something for a year; to act as something on a yearly basis

華人以十二種動物當作每年的值年代表。

30 吉祥 (jísiáng / jíxiáng)

SV/AT: to be auspicious; to be favorable; to be propitious; to be lucky

(1) 華人認為紅色的服飾是吉祥的。
(2) 過年的時候一定要說吉祥話。

31 奔騰 (bēnténg)

FV: to gallop (of a horse); to surge forward; to roll on in waves

她畫了一張萬馬奔騰的畫，很生動。

32 歲月 (suèiyuè / suìyuè)   N: time; years

住在山上那幾年，是他一生中最悠閒的歲月。

▼ 專有名詞　Proper Names

① 子 (Zǐh / Zǐ)
   N: The first of the twelve Celestial Stems (horoscopic signs).
   It is symbolized by the mouse.

② 丑 (Chǒu)
   N: The second of the twelve Celestial Stems (horoscopic signs).
   It is symbolized by the ox.

③ 寅 (Yín)
   N: The third of the twelve Celestial Stems (horoscopic signs).
   It is symbolized by the tiger.

④ 卯 (Mǎo)
   N: The fourth of the twelve Celestial Stems (horoscopic signs).
   It is symbolized by the rabbit.

⑤ 辰 (Chén)

N: The fifth of the twelve Celestial Stems (horoscopic signs).
It is symbolized by the dragon.

⑥ 巳 (Sìh / Sì)

N: The sixth of the twelve Celestial Stems (horoscopic signs).
It is symbolized by the snake.

⑦ 午 (Wǔ)

N: The seventh of the twelve Celestial Stems (horoscopic signs).
It is symbolized by the horse.

⑧ 未 (Wèi)

N: The eighth of the twelve Celestial Stems (horoscopic signs).
It is symbolized by the sheep.

⑨ 申 (Shēn)

N: The ninth of the twelve Celestial Stems (horoscopic signs).
It is symbolized by the monkey.

⑩ 酉 (Yǒu)

N: The tenth of the twelve Celestial Stems (horoscoplc signs).
It is symbolized by the chicken (or rooster).

⑪ 戌 (Syū / Xū)

N: The eleventh of the twelve Celestial Stems (horoscopic signs).
It is symbolized by the dog.

⑫ 亥 (Hài)

N: The twelfth of the twelve Celestial Stems (horoscoplc signs).
It is symbolized by the pig.

⑬ 玉皇大帝 (Yùhuángdàdì)

PN: 11e Jade Emperor, me supreme deity of Taoism

⑭ 埃及 (Āijí)   PN: Egypt

⑮ 巴比倫 (Bābǐlún)   PN: Babylonia; Babylon

⑯ 水瓶座 (Shuěipíngzuò / Shuǐpíngzuò)

N: Aquarius (the water bearer), a western astrological symbol (January

21-February 19)

⑰ 雙魚座 (Shuāngyúzuò)

N: Pisces (th fish), a western astrological symbol (February 20-March 20)

⑱ 白羊座 (Báiyángzuò)

N: Anes (the ram), a western astrological symbol (March 21-April 20)

⑲ 金牛座 (Jīnniúzuò)

N: Taurus (the bull), a western astrological symbol (April 21-May 21)

⑳ 雙子座 (Shuāngzǐhzuò / Shuāngzìzuò)

N: Gemini (the twins), a western astrological symbol (May 22-June 21)

㉑ 巨蟹座 (Jyùsièzuò / Jùxièzuò)

N: Cancer (the crab), a western astrological symbol (June 22-July 22)

㉒ 獅子座 (Shīhzǐhhzuò / Shīzǐzuò)

N: Leo (the lion), a western astrological symbol (July 23-August 23)

㉓ 處女座 (Chǔnǔzuò)

N: Virgo (th virgn), a western astrological symbol (August 24-September 23)

㉔ 天秤座 (Tiānpíngzuò)

N: Libra (the balance), a western astrological symbol (September 24-October 23)

㉕ 天蠍座 (Tiānsiēzuò / Tiānxiēzuò)

N: Scorpio (the scorpion), a western astrological symbol (October 24-November 22)

㉖ 射手座 (Shèshǒuzuò)

N: Sagittarius (the archer), a western astrological symbol (November 23-December 21)

㉗ 魔羯座 (Mójiézuò)

N: Capricorn (the goat), a western astrological symbol (December 22-January 20)

實用視聽華語 5
Practical Audio-Visual Chinese

成語與俗語　Proverbs and Common Sayings

1. **一席之地 (yìsíjhīhdì / yìxízhīdì)**
   a place or position (which one occupies)
   每個國家在國際舞臺上都佔有一席之地。

2. **津津樂道 (jīnjīn-lèdào)**
   to talk about with great relish; to take great delight in talking about
   本校得了足球比賽第一名，全校師生都津津樂道。

3. **令人捧腹 (lìngrén-pěngfù)**
   to make people hold their sides with laughter; to make others burst out laughing
   爸爸說的笑話令人捧腹。

4. **威風凜凜 (wēifōng-lǐnlǐn / wēifēng-lǐnlǐn)**
   to be imposing; to be awe-inspiring
   那位將軍指揮作戰時，真是威風凜凜。

句型　Sentence Patterns

1. 除了……最重要的是……
   besides ...... the most important thing is ......;
   aside from ...... the most crucial thing is ......

   (1) 你除了好好念書以外，最重要的是注意身體的健康。
   (2) 過馬路時除了看看兩邊的車子，最重要的是遵守交通規則。
   (3) 媽媽除了照顧小孩的衣食以外，最重要的是注意他們的教育。

2. ……確實……而且也是
   it is true that ......, moreover, it is also true that ......;

...... certainly is ......, in addition, it is also certain that ......

(1) 她確實漂亮,而且也是個能幹的人。
(2) 這裡的山水確實很美,而且也是空氣最好的地方。
(3) 這個大學的設備確實很好,而且也是人才最多的學校。

3. 信不信由你
   believe it or not

(1) 傳說古代有個人活到八百歲,信不信由你。
(2) 聽說這個月老廟的月下老人很靈,信不信由你。
(3) 有些人號稱可以藉由神力讓你看到前生,信不信由你。

4. 並不只是……,也是……
   ...... X really is not only for ......, X is also for ......;
   ...... X does not just ......, X is also for ......;
   ...... X is not only ......, X is also ......

(1) 工作並不只是賺錢的方式,也是一種樂趣。
(2) 球類比賽並不只是為了健身,也是訓練大家的團隊精神。
(3) 學校並不只是傳授知識的地方,也是培養人格的處所。

易混淆的詞　　　　Easily Confused Words

1. **話題** (huàtí)　　N：the theme of a conversation; a topic of conversation
   男生多以女生的事為話題。

   題目 (tímù)　　N：a topic; a subject; a title
   他講演的題目很專業化。

   談話 (tánhuà)　　VO：a statement; a chat; a talk; a conversation
   他常遲到,工作也不努力,所以他的老闆找他去談話。

2. 趣味 (cyùwèi / qùwèi)　N/AT：an interest; a deliggt; a taste for; a liking for

有趣味的事，多半是令人喜愛或使人發笑的。

興趣 (sìngcyù / xìngqù)　N：an enthusiasm for; an eagerness to; an interest

他的興趣很廣，所以他的知識也很豐富。

3. 順序 (shùnsyù / shùnxù)

N：to take turns; a sequence; ordered; to do something in proper order

按著大小、長幼排列叫順序。

次序 (cìhsyù / cìxù)　N：a succession; an order; a sequence

排隊買票，要按先後次序。

秩序 (jhìhsyù / zhìxù)　N：arrangement; order

上課的秩序好，老師講得比較愉快。

4. 值年 (jhíhnián / zhínián)

AT：to be something for a year; to act as something on a yearly basis

華人以十二種動物當作每年的值年代表。

值班 (jhíhbān / zhíbān)　VO：to be on duty; to be on the shift

他今晚不回家，在公司值班。

輪值 (lúnjhíh / lúnzhí)　A/V：to tske turns; to go on duty in turns

這棟大樓有三個管理員，分三班輪值，每人每天八小時。

問題討論　Questions for Discussion

1. 十二生肖是怎麼來的？順序是怎麼排列的？
2. 你認為你的個性跟你的生肖確實有相像的地方嗎？

3. 年輕人喜歡用星座來做什麼？你相不相信？為什麼？
4. 中國人喜歡迎接新的值年生肖，代表什麼意義？
5. 你認為虎、兔、龍、猴、雞、狗各代表什麼？

練習　　Exercises

配合題　Matching

1. 子、丑（　　　　）
2. 寅、卯（　　　　）
3. 辰、巳（　　　　）
4. 午、未（　　　　）
5. 申、酉（　　　　）
6. 戌、亥（　　　　）
7. 羊　　（　　　　）
8. 豬　　（　　　　）

a. 虎、兔
b. 馬、羊
c. 狗、豬
d. 鼠、牛
e. 龍、蛇
f. 貓、魚
g. 猴、雞
h. 鹿、狐
i. 吉祥
j. 財富

造句　Make Sentences

1. 節約：_____
2. 機警：_____
3. 印證：_____
4. 舉止：_____
5. 津津樂道：_____

選擇　Choose the Appropriate Phrase

清清楚楚　　一席之地　　津津樂道
令人捧腹　　長幼順序　　不幸落選
節約儲蓄　　內心固執　　性情溫和

1. 屬牛的人常是外表悠閒，_____。

2. 他講的笑話真是＿＿＿＿＿＿，人人都在哈哈大笑。

3. 母親都能＿＿＿＿＿＿說出自己孩子的生肖，不會錯。

4. 中國傳統十二地支的說法在曆書上佔有＿＿＿＿＿＿。

5. 孩子奪得第一名，總是父母＿＿＿＿＿＿的得意事。

6. 故事中貓被推下河去，所以貓在中國十二生肖中＿＿＿＿＿＿。

7. 他家兄弟四人按＿＿＿＿＿＿都已結婚了。

8. ＿＿＿＿＿＿的人不容易跟別人吵架。

閱讀與探討　　Read and Discuss

一、天干地支

一般來說，大家對地支、十二生肖比較熟悉，很多人都會背：子鼠、丑牛、寅虎、卯兔、辰龍、巳蛇、午馬、未羊、申猴、酉雞、戌狗、亥豬。雖然這十二地支和這十二種動物都代表年，而民間也只記這些，但正式代表年的是天干配地支。

天干：甲乙丙丁戊己庚辛壬癸，共十個。

地支：子丑寅卯辰巳午未申酉戌亥，共十二個。

如果第一年是甲子年，第二年就是乙丑，第三年是丙寅……第九年是壬申，第十年是癸酉。這十個天干已用完、地支還剩兩個，怎麼辦呢？很簡單，天干再從頭來呀！那麼第十一年就是甲戌，第十二年就是乙亥，第十三年是丙子（地支也從頭開始了）第十四年是丁丑……到六十年時又回到甲子。所以六十年就叫做一甲子。一個人的一生中最多只能遇到兩個甲子年，除非活到 120 歲以上的人，才有可能遇到三個甲子年。

問答：

1. 2007 年春節（農曆年）是丁亥年（也就是豬年）的開始，你知道 2009、2010、2015、2020 年春節時是什麼年嗎？

251

二、成語故事：雞鳴狗盜

秦王聽說孟嘗君很賢能，所以請他到秦國去，孟嘗君帶著他家的一些食客同去。秦王親自迎接，並請孟嘗君做秦國的宰相，秦國的大臣們都很不高興，對秦王說：「孟嘗君是齊國的王族，他做了秦宰相，一定把齊國的利益放在最前面，秦國就危險了。」秦王聽了後，就取消了孟嘗君的官位，而且把他囚禁起來，還打算把他殺掉。

孟嘗君派人向秦王的寵姬求救，那寵姬說要得到那件白狐皮衣後才肯相助，那白狐皮衣是天下稀有的珍貴東西，孟嘗君只有一件，來秦國時已送給秦王了，怎麼辦呢?有個食客說他可以偷回來。到了晚上，他假裝狗，學狗叫，爬進衣庫，偷回那件皮衣。沒被守衛的人發現。那寵姬得到白狐皮衣後，就向秦王說了孟嘗君很多好話，秦王果然放了孟嘗君，孟嘗君和食客們趕快騎馬走了。趕到函谷關，因為是半夜，函谷關的門沒開，有個食客很會學公雞叫，他一叫，附近的雞也跟著叫了，管門的人以為天亮了，就把門打開，讓他們走了。不久，秦王後悔了，因為有人對他說放走了孟嘗君就如同「縱虎歸山」，秦王派兵去追，但孟嘗君他們已經走得太遠，追不上了。

問答：

1.孟嘗君家裡的食客最多時有三千多人，你想都是些什麼人？
2.現在被稱為「雞鳴狗盜之徒」的是什麼樣的人？

第十八課　我寫「乾」你寫「干」

　　中華文字的演變[1]，可以說始自殷商甲骨文①，繼之而起的是刻在銅器[2]上的金文③，接著的是大篆④。自秦始皇統一文字以後，小篆⑤成為秦朝的標準字體。到了漢朝⑦，工工整整的隸書⑧又十分盛行。尤其在筆、墨[3]、紙、硯[4]（俗稱文房四寶）發明以後，普遍使用，使中華文字有了更大的進步。無論是楷書⑨、行書⑩、草書⑪，都被華人視為既實用又藝術的書寫文字。印刷體[5]的正楷[6]，方方正正一筆不苟。書法體的行書、草書，看起來龍飛鳳舞，如行雲流水一般，成為富有[7]典雅[8]美感的書法藝術。這種傳統的中華文字實在具有不可磨滅[9]的藝術價值。

　　然而自中國大陸通行[10]簡化字後，數千年來的文字經歷[11]了很大的變化。當然，在中國大陸，為了眾多不識字的人口，文字的簡化可能是減少文盲[12]較有效的辦法，此時期簡化字也確實發揮不少功能。但近數十年來，大陸上的新生代，在暢遊[13]名勝古蹟時，竟然看不太懂碑銘[14]匾額[15]上的題字[16]。再接觸[17]到古籍[18]經典[19]時，更是茫然[20]不解。一旦海峽兩岸正式來往以後，簡化字、正體字問題更會增加不少接觸時的困擾。因為旅遊的解說、商務的契約[21]、來往的文件等等，都需要雙方看得懂。

一般而言，簡化字的形成多半是根據草書楷化而造出的。比方說：「言」字旁[22]的「說」寫成「说」，「會」寫成「会」，「應」寫成「应」，這一類的字，實行起來仍能被人接受。但有些字確實令人覺得有商榷[23]的必要，譬如[24]「干」可以代替「乾」和「幹」，只會寫簡化字的人把「乾淨」寫成「干淨」，把「幹什麼」寫成「干什麼」；又如「发」可以代替「發」和「髮」，於是他們把「發生」寫成「发生」，把「理髮」寫成「理发」。如此一來，雙方都感到困惑[25]，因為一向使用正體字的人，要仔細推敲[26]才知道真正的意思，而使用簡化字的人，想把這些字改成正體字時，往往會選擇錯誤而鬧笑話。

　　除此以外，尚有一些簡化字，例如「开」（開）與「业」（業）保留原字的一部分，還容易看出，「尘」（塵）與「灭」（滅）是新的會意[27]字，就要會合上下兩個部分，才猜得出它的意思。至於「厂」（廠）與「广」（廣），刪除[28]中間部分，只保留輪廓[29]，而「卫」（衛）與「叶」（葉），完全用新的字形來代替，用習慣了的人也不覺得奇怪，但初次見到這些字的人，真的想半天也猜不出呢！以目前[30]的情形來看，海峽兩岸只有我寫我的「乾」，你寫你的「干」了。

第十八課　我寫「乾」你寫「干」

生詞　　New Vocabulary

1 演變 (yǎnbiàn)　V/N: to develop and change; to evolve

(1) 一個小問題，慢慢演變為大問題。
(2) 字體的演變使現代人對很多字的來源無法了解。

2 銅器 (tóngcì / tóngqì)　N: copper ware; brass ware; bronze ware

3 墨 (mò)　N: ink; ink stick

4 硯 (yàn)

N: inkstone; inkslab (used for mixing and holding ink for Chinese calligraphy)

5 印刷體 (yìnshuātǐ)　N: the printed form

6 正楷 (jhèngkǎi / zhèngkǎi)

N: The "Standard" script of modern Chinese calligraphy. The form of Chinese characters which you see in books (like this textbook).

7 富有 (fùyǒu)　V/SV: rich; wealthy

(1) 他所設計的服裝都富有新潮的藝術感。
(2) 富有的人往往開名車、住豪宅。

8 典雅 (diǎnyǎ)　SV: refined; elegant (said of one's writing style, diction, etc.)

故宮博物院的外觀和內部看起來都很典雅。

9 磨滅 (mómiè)　V: to wear away; to obliterate

(1) 經過長久的歲月，這塊石頭上的字跡已經磨滅了。
(2) 他對國家有不可磨滅的貢獻。

10 通行 (tōngsíng / tōngxíng)　V: to pass through (unimpeded)

第十八課　我寫「乾」你寫「干」

這種信用卡通行全球。

11 經歷 (jīnglì)　V/N: to undergo; to experience; an experience

(1) 他一生經歷過兩次戰爭，無數次的打擊。
(2) 豐富的經歷使他的演講非常精彩。

12 文盲 (wúmáng)　N: illiterate

13 暢遊 (chàngyóu)　V: a trip for pleasure

他打算利用這次假期，暢遊名山大川。

14 碑銘 (bēimíng)　N: a part of an inscriptional writing, usually in rhyme

15 匾額 (biǎné)　N: a (wooden) tablet (usually with an inscription upon it)

16 題字 (tízìh / tízì)　N/VO: an inscription

他是書法家，常常有人請他題字。

17 接觸 (jiēchù)　V: to touch; to get in touch with

太保守的人不喜歡接觸新的事物。

18 古籍 (gǔjí)　N: ancient books

這位學者做了很多整理古籍的工作。

19 經典 (jīngdiǎn)　N: classics

古代的經典有永遠保存的價值。

20 茫然 (mángrán)

SV/A: to be perplexed; to be confounded; to be ignorant; to be in the dark

(1) 我問他一個數學問題，他一臉茫然。
(2) 他迷失了方向，茫然地向前走。

21 契約 (cìyuē / qìyuē)   N: a contract; an agreement

22 旁 (páng)

N: a lateral radical of a Chinese character (placed either on the right or left side)

「氵」是水旁;「扌」是手旁。

23 商榷 (shāngcyuè / shāngquè)   V: to discuss; to consider; to deliberate

這篇文章提到的歷史年代,我想跟你商榷一下。

24 譬如 (pìrú)   V: to take.... for example; for instance; such as

(1) 喜事的紅包上寫的都是吉利話,譬如:百年好合、早生貴子。
(2) 有些人認為人生譬如一場夢。

25 困惑 (kùnhuò)   SV: bewildered; confused

他最近的行為舉止跟過去完全不同,令人困惑。

26 推敲 (tuēiciāo / tuīqiāo)   V: to guess; to deliberate

學生碰到生詞可以先根據上下文的意思去推敲。

27 會意 (huèiyì / huìyì)   N/V: understanding; knowing

(1) 會意是造字的六種方法之一。
(2) 我對服務生招招手,他就會意了,過來把茶壺重新注滿水。

28 刪除 (shānchú)   V: to delete

他把電腦中不需要的資料都刪除了。

29 輪廓 (lúnkuò)   N: a rough sketch; a profile

(1) 畫家畫人像,常先畫外圍的輪廓,再仔細畫其他的部分。
(2) 學生對漢字往往只記得大概的輪廓,所以常寫錯。

第十八課　我寫「乾」你寫「干」

30 目前 (mùcián / mùqián)　N: now; at present

目前，中國大陸的招牌可以使用正體字。

專有名詞　Proper Names

① 殷商 (Yīnshāng)

N: The Shang Dynasty (circa. 1800-1200 BC.). Later renamed the Yin Dynasty.

② 甲骨文 (Jiǎgǔwén)

N: （以下皆以「車」字為例）inscriptions on bones or tortoise shells

甲骨文是殷商時代的文字，因為是刻在龜甲獸骨上的文字，所以稱為甲骨文。甲骨文是現在所能見到的最早的中國文字，約在三千年以上，卻發現得最晚，是在清朝光緒年間在河南生安陽縣小屯村一帶（這裡是殷商的故都）發現的，後來陸續挖掘了幾十年，共挖出十萬多片，上面的單字共四千六百多字。

③ 金文 (Jīnwén)　N: Bronze inscriptions

金文是商周時代，鑄在銅器上，或刻在銅器上的文字。

④ 大篆 (Dàjhuàn / Dàzhuàn)

N: large seal style (an ancient style of calligraphy, current in the Zhou Dynasty)

大篆是周秦間的文字，其形體較為繁複，但多已亡佚。

⑤ 秦始皇 (Cínshǐhhuáng / Qínshǐhuáng)　N: (246-214 BC.)

秦始皇姓嬴名政，併吞六國，統一天下，築長城，實行暴政，自稱始皇帝。

⑥ 小篆 (Siǎojhuàn / Xiǎozhuàn)

N: small seal style (a style of calligraphy adopted in the Qin Dynasty for the purpose of standardizing the script)

小篆是秦代通行的文字，是秦代根據大篆加以省改簡化而成的。許慎作說文解字，共有小篆九千三百五十三字，是今日所能見的全部

小篆文字。

⑦ 漢朝 (Hàncháo)　N: the Han Dynasty (206 BC.- 219 AD.)

⑧ 隸書 (Lìshū)

N: 車 an ancient style of calligraphy current in the Han Dynasty

隸書是漢朝通行的字體，其字形與小篆之間變化很大，隸書的造成，是由於應用書寫的事務太多，小篆寫起來較難較慢，於是造出了隸書。

⑨ 楷書 (Kǎishū)　　N: 車 regular script

楷書大致起於後漢，到魏時已經完備。楷書與隸書之間變動不多，主要是去掉尾部挑法，改用平直的筆畫。楷書又稱為「正書」、「真書」。從魏晉以後成為正規文字。唐宋以後所有流傳書籍，完全用楷書印刷或書寫，楷書就成為我國文字的正體。

⑩ 行書 (Síngshū / Xíngshū)

N: 車 (one of the major categories of Chinese calligraphy) a running script; a running hand

行書是根據楷書而簡易寫出的一種字體，筆劃連綴，流動運行，所以稱為行書。行書既出於楷書，應該在魏以後才有的。行書的優點是寫起來簡便而比草書容易辨認。因此自晉代以下，大為盛行。

⑪ 草書 (Cǎoshū)

N: 車 cursive style (calligraphy); running hand; current handwriting

草書的起源比行書早。大約起於漢代，是為了書寫簡便快速或求美化而造成的字。

第十八課　我寫「乾」你寫「干」

字體演變表

甲骨	金文	大篆	小篆	隸書	楷書	行書	草書
				申	申	申	申
				員	員	員	員
				登	登	登	登
				馬	馬	馬	馬
				車	車	車	車

成語與俗語　Proverbs and Common Sayings

1. 繼ㄐㄧˋ之ㄓ而ㄦˊ起ㄑㄧˇ (jìjhīhércǐ / jìzhī'érqǐ)
   be the successor to; the style, fashion or methodology which follows another
   收音機發明之後，繼之而起的是電視。

2. 方ㄈㄤ方ㄈㄤ正ㄓㄥˋ正ㄓㄥˋ (fāngfāng-jhèngjhèng / fāngfāng-zhèngzhèng)
   to be well-organized; to be perfect; to be well-formed
   方方正正的字看起來很整齊。

3. 一ㄧˋ筆ㄅㄧˇ不ㄅㄨˋ苟ㄍㄡˇ (yì-bǐ-bù-gǒu)
   (literally: not even one stroke Is negligent) to write characters in which every stroke is

261

placed perfectly.

練習書法時,要一筆不苟,才能寫得好。

4. 龍飛鳳舞 (lóngfēi-fòngwǔ / lóngfēi-fèngwǔ)

(literally: with Dragons flying and Phoenixes dancing) To write calllgraphy with lively flourishes; to do something with lively flourishes

他寫的字像龍飛鳳舞,很美觀。

5. 行雲流水 (síngyún-lióushuěi / xíngyún-liúshuǐ)

(literally: moving clouds and flowing water) to write calligraphy with a very natural and flowing style; to do something with a natural and flowing style

這篇文章寫得很流利,如行雲流水。

句型 | Sentence Patterns

1. 被……視為……
   be regarded as ......

   (1) 李天祿生前被視為國寶級的掌中戲大師。
   (2) 奧運會一向被視為令人矚目的大事。
   (3) 甲骨文過去被視為中華民族最古老的文字。

2. 一旦
   as soon as; once

   (1) 華人一旦知道對方的籍貫跟自己一樣,就會覺得很親切。
   (2) 一旦全球暖化的趨勢越來越嚴重,可能會帶來災難。
   (3) 一旦接觸古文字,你就會感受到它的魅力。

3. 如此一來
   as a result

   (1) 古籍經典都上了網路,如此一來,查資料就方便多了。
   (2) 地下出土的文物越來越多,如此一來,許多理論就得到印證了。
   (3) 素食主義風行,如此一來,素食餐廳就如雨後春筍般成立了。

4. 除此之外，尚有……
and besides these ......, ... also has ......;
aside from these ......, ... in addition there is ......

(1) 本校有圖書館、運動場，除此之外，尚有游泳池。
(2) 外國學生有的學會話，有的學新聞，除此之外，尚有人學書法。
(3) 電子字典的功能很多，有顯示時差、旅遊會話，除此之外，尚有動畫學習。

易混淆的詞　　Easily Confused Words

1. **演變 (yǎnbiàn)**　V/N：to develop and change; to evolve
   正體字演變成簡化字。

   演進 (yǎnjìn)
   V/N：to improve through evolutionary process; to develop
   人類是由「猿人」演進而成現在的樣子。

   變化 (biànhuà)
   V/N：to metamorphose; to transform; to transmute
   目前社會結構的變化越來越繁雜。

2. **實用 (shíhyòng / shíyòng)**
   AT/SV：to be practical; to be useful; to be of practical use; pragmatic
   他喜歡買很實用的東西。

   實際 (shíhjì / shíjì)
   SV/AT：an actual situation; an actuality; reality; in practice
   這件事實際上還有很多問題。

   實在 (shíhzài / shízài)
   A/SV：really; truly; of a certainty; to be real; to be concrete

我喜歡實在不虛假的朋友。

3. **商榷** (shāngcyuè / shāngquè)

V：to consider; to deliberate; to discuss

嚴重的問題該仔細商榷。

商量 (shāngliáng)

V：to exchange opinions or views; to confer; to talk over; to hold a discussion

這件事情好商量，慢慢談。

討論 (tǎolùn)　V/N：to discuss; a discussion

經過長時間的討論，大家才決定了這個提案。

問題討論　Questions for Discussion

1. 簡單說明中國的文字如何演變。
2. 什麼樣的人叫文盲？
3. 請說明通行簡化文字的優點和缺點。
4. 簡化字多半是根據什麼而造出的？請舉例說明。

練習　Exercises

▼ 配句　Match the Following Phrases to Make Sentences

1. 文房四寶：_____。　　A.「乾」和「幹」

2. 秦始皇：_____。　　B. 有很多碑銘匾額

3. 楷書（正楷）：_____。　　C. 是筆、墨、紙、硯

4. 隸書：_____。　　D. 統一中國文字

5. 簡化字：_____。　　E. 有甲骨文

6. 名勝古蹟＿＿＿＿＿＿＿＿＿。

7. 殷商：＿＿＿＿＿＿＿＿＿。

8.「應」可以寫成：＿＿＿＿＿。

9.「干」可以代替：＿＿＿＿＿。

10. 一旦海峽兩岸正式來往以後：
＿＿＿＿＿＿＿＿＿＿＿＿。

F. 应

G. 簡化字正體字問題增加了不少困擾

H. 方方正正一筆不苟

I. 減少了不少文盲

J. 在漢朝十分盛行

請辨認簡化字正體字 Please Identify and Match the Simplified Characters with Their Complex Counterparts

1. 尘：＿＿＿＿

2. 灭：＿＿＿＿

3. 卫：＿＿＿＿

4. 厂：＿＿＿＿

5. 币：＿＿＿＿

6. 发：＿＿＿＿

7. 导：＿＿＿＿

8. 开：＿＿＿＿

9. 关：＿＿＿＿

10. 业：＿＿＿＿

A. 幣

B. 塵

C. 發

D. 業

E. 滅

F. 衛

G. 開

H. 導

I. 廠

J. 關

解釋 Define the Following Terms

1. 甲骨文：

2. 不可磨滅：

3. 海峽兩岸：

4. 典雅：

5. 商榷：

閱讀與探討　　Read and Discuss

一、簡單介紹中國文字的構造

中國文字的構造方法有六種，叫做六書。

（一）象形：照著物體的形象，用筆畫表示出來。

例如：⛰（山）、〰（水）、⚶（牛）、⚷（羊）、🧒（子）等。

（二）指事：用記號表示抽象的事情。

例如：「木」表示樹，「一」在樹的下面是「朩」（本）；「一」在樹的上面是「朩」（末）。

（三）會意：合併兩個或兩個以上的字，表示一個新的意思。

例如：「明」是合併日、月二字，表示亮的意思。「伐」是合併人、戈二字，以表示人拿武器去攻擊的意思。「解」是合併刀、牛、角三字，以表示解剖的意思。

（四）形聲：由「形符」和「聲符」兩部分結合而成。

例如：晴：青是聲符，日是形符。晴天有太陽。清：青是聲符，氵是形符。水很清。

（五）轉注：因時間地域的不同而造出形體不同的字，但意思相同或相近，可以互相注釋。

例如：考、老都是年紀大的意思，因此可以用「考，老也。」「老，考也。」來互相注釋，另外，

「問，訊也。」也是一樣。

(六) 假借：本來沒有為這個事物造字，就借用與這個事物同音或聲音相近的字來用。

例如：令：本為發號施令，借為縣令的令。長：本意是滋長，借用為縣長的長。

有人認為象形、指事、會意、形聲是中國文字構造的方法，而轉注和假借是中國文字的運用方法。

～節錄自國中《國文》第二冊語文常識，國立編譯館～

練習：指出下列各字屬於象形、指事、會意、形聲中的哪一項。

例如：祭－會意　情－形聲　鳥－象形　上－指事

1. 刃：＿＿＿＿＿
2. 山：＿＿＿＿＿
3. 魚：＿＿＿＿＿
4. 弓：＿＿＿＿＿
5. 下：＿＿＿＿＿
6. 果：＿＿＿＿＿
7. 男：＿＿＿＿＿
8. 忠：＿＿＿＿＿
9. 信：＿＿＿＿＿
10. 驚：＿＿＿＿＿
11. 卡：＿＿＿＿＿
12. 囚：＿＿＿＿＿
13. 車：＿＿＿＿＿
14. 伴：＿＿＿＿＿
15. 輪：＿＿＿＿＿
16. 把：＿＿＿＿＿
17. 江：＿＿＿＿＿
18. 尖：＿＿＿＿＿
19. 歪：＿＿＿＿＿
20. 玲：＿＿＿＿＿

佳文欣賞

中國文字的特色

江澄格

中國文字從形音義等構成文字的三要素，分別表現出獨具的特色：

一、字形方面：中國文字是由早期的圖畫符號演變而成的象形文字。最初的字形只是寫實的圖畫，如山、川、水、火等；和簡略的符號，如一、二、三；以及形態的標誌，如上、下、凹、凸等。雖經漫長歲月已有不少改變，但至今仍然保留原有的形狀特徵。在字形的組合上，些微的差異，便可顯示出迥然不同的意義，如人、大、太、犬、夭、天、夫、矢、失等筆畫的增減，與部位變動的組合，即能造出涵義不同的新字。晚清《金桂生隨筆》所載沈啟南作的〈詠田字〉短詩，就是以「田」字在字形組合上，部位變動，所表現出不同的字義，也突顯出漢字在字形組合結構上所具有的特性和功能。沈啟南的〈詠田字〉是這樣的：昔日田為「富」字足，今朝田是「累」字頭。拖下腳來成「甲」首，伸出頭去不自「由」。田在心中常「思」量，田放胸中「慮」不休。當初只望田成「福」，誰料田多「疊」成愁。

二、字音方面：中國字聲韻分明，一個字一個音，單音節發音。最大的特色是一個字音，以四聲不同的變化，就能

表現出完整的意義,寫出一篇完整的文章。

　　三、字義方面:中國文字字義明確,詞彙豐富,以有限的單字,可以組合出許多詞彙。中國文字能按照實際的需要,創造出各種不同意義的詞彙來。不像其他的文字,有新的事物發生,就必須另外創造新字才可以下適當的定義。

～節錄自〈歷史文化與藝術的結晶〉《中央日報》～

第十九課　人滿為患

地球在宇宙[1]中只是一顆[2]小小的星球[3]，竟有無窮無盡的生物生存[4]於其中。別的生物不談，現在我們來探討[5]一下，究竟[6]生活在地球上的人類有多少呢？

根據報導，1987年7月11日誕生[7]於南斯拉夫①的一個嬰兒[8]，是世界上第五十億個人。資料也顯示，五十億人口剛好是1950年的兩倍；也就是說，在這三十七年中，世界人口有了這麼驚人的成長。那麼你能預估[9]將來地球上有多少人口嗎？

為什麼世界人口增加得如此快速呢？原因有二，一是出生率過高，二是死亡率[10]降低[11]。於是人口的成長率就以幾何級數[12]不停地往上攀升[13]。

在出生率過高的問題上，研究發現，這些快速增加的人口，有不少出生於開發中[14]國家與未開發[15]地區。例如非洲地區，人口的成長率高居世界之冠。人口的壓力，使得這些國家無法提高人民的生活品質與教育水準，因而引發了經濟問題、社會問題以及政治問題。

就經濟問題而言，人口成長率高的國家，必須提高經濟成長率，才能減輕人口膨脹[16]的壓力。但是這個理想，並不容易實現。因為這些多半依賴農產品賺取外匯[17]的國家，要是受到國際市場的限制，出口就會減少，如果再遭受天災人禍，往往出現嚴重的饑荒[18]。這樣怎能提高他們的經濟成長

呢？

在控制出生率上，這些國家雖然也採用過種種方法，比如倡導節育[19]，或者像一胎化[20]這樣限制生育的人口政策，但因「人口多，人力就足」的觀念難以改變，都無法有效實行，阻擋[21]不住人口膨脹的洪流[22]。

談到死亡率降低，原因也不少，例如歐美及東北亞各國，因醫藥發達[23]、生活品質提高、注意環境衛生等因素，逐漸成為死亡率降低的地區。這些因素，使人類的壽命[24]延長[25]，老年人口的比率日漸增多，導致人口結構失衡[26]。在這種情形下，越來越多的老年人成為依賴人口，而兒童的求學時期又較長，因此造成必須奉養[27]老人及撫育[28]兒童的勞動人口負擔過重，形成一些社會問題。

近年來，除了人口問題之外，我們也看到日趨嚴重的生態問題，大自然已被破壞殆盡[29]。這人滿為患而又不再美麗的地球，還能算是宇宙中一顆閃亮[30]的星球嗎？

第十九課　人滿為患

生詞　　New Vocabulary

1. 宇宙 (yǔjhòu / yǔzhòu)　N: the universe; the cosmos

2. 顆 (kē)　M: measure word for small roundish objects

天上有多少顆星，你數得清嗎？

3. 星球 (sīngcióu / xīngqiú)　N: celestial body (as in a planet)

4. 生存 (shēngcún)　V: to exist, to subsist

5. 探討 (tàntǎo)

V/N: to investigate; to study; to explore (possibilities, etc.); to discuss (causes or effects, etc.)

科學家對探討宇宙的來源有興趣。

6. 究竟 (jiòujìng / jiùjìng)

A: (used in questions for emphasis and roughlyequal to) What on earth?; after all

人口問題究竟有多嚴重呢？

7. 誕生 (dànshēng)　V: to come into being; to emerge; to be born

基督誕生於一千多年前的十二月。

8. 嬰兒 (yīngér)　N: a baby; an infant

世界上的嬰兒中，男嬰和女嬰的比率應該是均衡的。

9. 預估 (yùgū)　V: to estimate

請你預估一下，一個孩子的教育費用大概是多少？

10. 死亡率 (sǐhwánglyù / sǐwánglǜ)

N: the mortality rate; the death rate (the rate at which people die)

11 降低 (jiàngdī)　V: to reduce; to lower

由於醫學進步，嬰兒的死亡率普遍降低了。

12 幾何級數 (jǐhé-jíshù)

N: geometric progression (an exponential increase)

13 攀升 (pānshēng)　V: to go up; to move to a higher level

近幾年物價一直往上攀升。

14 開發中 (kāifājhōng / kāifāzhōng)　AT: to be developing

開發中國家的經濟不斷地發展，希望能趕上已開發國家。

15 未開發 (wèikāifā)　AT: to be undeveloped; to be uncultivated

很多國家對未開發國家的人民伸出援手。

16 膨脹 (péngjhàng / péngzhàng)　V: to inflate; to expand; to swell

大部分食物在水裡浸泡久了就會膨脹。

17 外匯 (wàihuèi / wàihuì)　N: foreign exchange; foreign currency

18 饑荒 (jīhuāng)　N: famine; crop-failure

19 節育 (jiéyù)　VO: birth control

出生率高的國家倡導節育，希望家庭中的孩子不要太多。

20 一胎化 (yìtāihuà)

N: (literally: single birth-ization) The practice of allowing only one child per family

21 阻擋 (zǔdǎng)　V: to stop; to stem; to resist

民主的潮流是無法阻擋的。

22 洪流 (hóngliú)　N: a mighty torrent; a powerful current

23 發達 (fādá) 　SV: to prosper; to develop; successful

交通發達的地方，經濟發展也比較快速。

24 壽命 (shòumìng) 　N: a life-span

25 延長 (yáncháng) 　V: to extend; to prolong; to lengthen

延長簽證對留學生來說非常重要。

26 失衡 (shīhhéng / shīhéng) 　V: to lose balance; to fall out of balance

偏食導致營養失衡，有害健康。

27 奉養 (fòngyàng / fèngyàng) 　V: to support (parents)

兒女應該奉養年老的父母。

28 撫育 (fǔyù) 　V: to rear; to bring up

撫育孩子是父母應盡的責任。

29 ～殆盡 (dàijìn) 　A: to use up; to die out

戰爭還未結束，軍人已經犧牲殆盡。

30 閃亮 (shǎnliàng) 　AT/V: to be shiny; to glitter; to glimmer

(1) 她戴著一隻閃亮的金錶。
(2) 一到晚上，星星就開始閃亮了。

專有名詞　Proper Names

① 南斯拉夫 (Nánsīhlāfū / Nánsīlāfū)　　N: Yugoslavia

成語與俗語　Proverbs and Common Sayings

1. 人滿為患 (rénmǎn-wéihuàn)
   a trouble of over population; to have a problem of overcrowding
   世界上許多有名的大城市都人滿為患。

2. 無窮無盡 (wúcyóng-wújìn / wúqióng-wújìn)
   inexhaustible; endless
   人必須坦然面對無窮無盡的煩惱。

句型　Sentence Patterns

1. ……小小……竟……
   such a small ...... unexpectedly (is able to) ......;
   such a young ...... actually (is able to) ......

   (1) 沒想到他小小年紀竟說出一番大道理。
   (2) 小小的一條船，竟能渡過這個海峽。
   (3) 一隻小小的螞蟻竟能搬比牠身體重幾倍的東西。

2. ……高居……之冠……
   occupies the position of the ...... greatest;
   ...... can be counted as the ...... highest;
   ...... is the highest in the ......;
   ...... is the greatest in the ......

   (1) 臺北的人口總數高居臺灣之冠。
   (2) 這個城市的平均溫度高居全國之冠。
   (3) 日本東京的物價高居世界之冠。

3. 就……而言
   regarding; in regard to

   (1) 就本校而言，每年暑假是學生最多的時候。
   (2) 就開發的程度而言，這個地區是全國第一的。
   (3) 就醫學上的貢獻而言，李博士的成就沒人比得上。

4. ……必須……，才能……
   ...... must ......, the result will then be that ......;
   ...... have to ......, then can ......;
   ...... need to ......, then have a chance to ......

   (1) 我們必須更加努力，才能克服工作上的困難。
   (2) 人必須探觸不同的領域，才能充實自己的人生。
   (3) 品茗時必須慢慢喝，才能回味無窮。

易混淆的詞 | Easily Confused Words

1. 探討 (tàntǎo)

   V/N：to investigate; to study; to explore (possibilities, etc.); to discuss (causes or effects, etc.)

   科學家對探討宇宙的來源有興趣。

   檢討 (jiǎntǎo)

   V/N：to review and discuss (past performance, etc.); to search one's soul; to make a self-examination; to examine oneself

   這家公司到了月底就會開會，檢討這個月來的得失。

2. 水準 (shuěijhǔn / shuǐzhǔn)　N：a level; a standard
   各國政府盡力提升人民生活水準。

   標準 (biāojhǔn / biāozhǔn)　N/AT：a criterion; a standard
   品質不合標準的產品不可銷到外國去。

3. 阻擋 (zǔdǎng)　V：to resist; to stem; to block; to stop
   路上一輛汽車出事了，阻擋了後面不少來車。

   阻止 (zǔjhǐh / zǔzhǐ)　V：to prevent; to hold back; to stop
   政府接到消息以後，想辦法阻止恐怖活動。

4. 依賴 (yīlài)　V：to depend upon; to rely on; to be interdependent
   太受寵愛的孩子會依賴父母，不能學習獨立。

   依靠 (yīkào)　V：to rely on; backing; to support
   進入一個新環境，沒有熟朋友可以依靠，只好靠自己了。

問題討論　Questions for Discussion

1. 為什麼世界人口增加得這麼快速？
2. 人口過多的壓力會引起什麼問題？
3. 為什麼說人口成長率高的國家，想要提高經濟成長率來減輕人口膨脹的壓力是很難的？
4. 歐美及東北亞各國死亡率降低，原因是什麼？
5. 死亡率降低帶來什麼問題？

練習　Exercises

▼ 選相反詞　Select the Word with an Opposite Meaning

1. 膨脹：_____　　a. 萎縮　b. 擴大　c. 瘦小
2. 饑荒：_____　　a. 飢餓　b. 豐收　c. 荒涼
3. 奉養：_____　　a. 養活　b. 遺棄　c. 奉命

4. 失衡：_____　　　　a. 平衡　　b. 平均　　c. 衡量

5. 閃亮：_____　　　　a. 耀眼　　b. 閃閃　　c. 暗淡

▼ 造句　Make Sentences

1. 幾何級數：_____

2. 膨脹：_____

3. 失衡：_____

4. 撫育：_____

5. 高居……之冠：_____

▼ 填空　Fill in the Blanks

1. 地球在_____中只是一顆小小的星球。

2. 世界人口快速增加的原因，一是_____過高，二是_____降低。

3. 人口的壓力使未開發地區無法提高人民的生活_____與教育_____。

4. 有些地區常遭受_____災_____禍，常常出現嚴重的_____。

5. 控制出生率的方法，有倡導_____育，或_____胎化。

閱讀與探討　　　　　　　　　Read and Discuss

走向高齡化社會

　　一天下午，你搭車到大賣場去購物，一路上不停地起身讓座，因為上車的旅客，每五個人當中就有一個是銀髮族。到了大賣場，迎上前來招呼你的，替你結帳的，也幾乎全是老人。進了洗手間，你抬頭一看，鏡子裡的你，也長出了白頭髮⋯。這不是電影情節，而是將來可能發生的真實事件。

　　在亞洲地區，由於越來越多的夫妻不想生育，造成「少子化」的現象，再加上平均壽命不斷延長，使得人口結構快速老化，從傳統的金字塔形往倒三角形的方向前進。而根據聯合國所下的定義，六十五歲的老年人口比率為7%，就達到高齡化社會的標準，比率提高到14%時，正式進入高齡社會，若再提高為20%，則進入所謂的「超高齡社會」。到此階段，上述情形就會發生。

　　雖然社會高齡化也會帶來一些新的商機，促進醫療用品、健康食品、安養照護等健康產業的發展，但是對於勞動力、財政負擔與投資都有不利的影響。根據調查，六十五歲以上的老人只有一成五有工作，近六成五患有慢性病或重大疾病，近兩成曾經住院。這無論對社會或家庭來說，都是沉重的負擔。

為了因應高齡化社會的到來,政府應該設法開發老年人力資源,讓老人存夠養老資金。個人也應該提早規畫自己的老年生活,先想一想:我老了究竟要做什麼?

問答:
1. 亞洲的高齡化社會是怎麼出現的?
2. 高齡化社會有哪幾個階段?
3. 貴國政府如何因應高齡化社會的到來?

第二十課　救濟[1]與自立[2]

　　無論資本主義、社會主義[3]或第三世界的國家，也無論農業社會或科技發達的現代文明生活，都有「貧窮」的存在[4]，只是以不同的形式顯現出來而已。

　　對於貧民的救助政策，究竟應該採取什麼方式，尚無定論。貧窮的意義很難界定[5]，因此各國都定有貧窮的測量[6]方法，亦即一般所謂的貧窮線[7]，低於該[8]標準者才能申請各項補助。

　　有些國家和地區經歷了所謂的社會福利運動。這個運動，不僅提高了申請社會救助者被核准[9]救助的機會，更造成被救助者在心態上和行為上的改變。申請救助者在排隊申請時，不再是謙卑[10]的或低聲下氣的，而是用非常氣憤和苛責[11]的口吻[12]、不耐煩的態度，來對待為他們服務的人員。

　　福利國家曾是多少人所盼望而爭取[13]的，人民所信仰的利人利己，互助互惠精神，曾是人人宣揚[14]的美德，但在這種沒有相對責任的社會福利風行後，又怎能期待[15]受救助者自助自救而脫離[16]貧窮？

　　社會福利的擴張[17]帶來的後遺症[18]，破壞了原先福利國家的理念[19]和消滅[20]貧窮的憧憬[21]，而且這種自動可得的社會福利，也是造成家庭破碎的主要因素。有些父親毫無愧疚地遺棄妻子和小孩，因為他們知道國家會妥善[22]照顧他們。人類

原本高貴的情操[23]，自給自足的尊嚴[24]，犧牲、努力的堅忍[25]意志[26]被破壞無遺，對於福利的依賴越來越深，而且有恃無恐。

　　總之，採取最簡單最直接的經濟救助路線來解決貧窮問題，並不是正確的途徑[27]。因為這樣不僅造成更多的福利依賴者，更嚴重的是改變價值觀與破壞家庭倫理[28]。現在有的國家採取「以工代賑」的方式，給貧戶簡單的工作，讓他們能賺取基本工資，或為貧戶辦理職業訓練，以增進其工作能力，恢復其自信心及責任感。但其中也充滿了爭議[29]和困難。如何依文化背景、社會結構、經濟成長等，規畫出一個合適的解決或舒緩[30]貧窮的有效策略[31]，是大家應該思考的課題[32]。

第二十課　救濟與自立

生詞　　New Vocabulary

1 救濟 (jiòujì / jiùjì)

V/N：to provide relief; to relieve; to succor

救濟世界各地的難民是這個國際組織的主要工作。

2 自立 (zìhlì / zìlì)

V：able to stand on one's own; self-supporting; independent; self-sustaining

他先接受救濟，經過一段時間就自立了。

3 社會主義 (shèhuèi-jhǔyì / shèhuì-zhǔyì)

N：socialism

AT/V/N：to use hunting to gather what one eats; hunting

4 存在 (cúnzài)　N/V：to exist

(1) 有些危機不太嚴重，容易使人忽視它的存在。
(2) 如果不設法改善，全球暖化的現象會繼續存在下去。

5 界定 (jièdìng)

V：to classify; to delimit; to set terms by which to define something

「好人」的意義很難界定，到底行為要多好才算好人呢？

6 測量 (cèliáng)　V：to measure; to survey

工作人員正在測量這座山的高度。

7 貧窮線 (píncyóngsiàn / pínqióngxiàn)　N：Poverty Line

8 該 (gāi)　Dem：the (as a determiner)

我曾經去過一個歐洲的國家，該國有許多著名的觀光勝地。

9 核准 (héjhǔn / hézhǔn)　V/N：(a) to approve (b) approval

他所申請的汽車牌照已經核准了。

10 謙卑 (ciānbēi / qiānbēi)

SV/AT：to be humble; to be self-depreciating

面對顧客，他的態度總是那麼謙卑。

11 苛責 (kēzé)

V：to be harsh and demanding; to be severely critical

學生參加比賽的成績不大好，但他已經盡力了，老師不忍心苛責他。

12 口吻 (kǒuwěn)　N：tone; connotation of what is being said

13 爭取 (jhēngcyǔ / zhēngqǔ)　V：to strive for; to fight for

每個職員都在努力爭取升遷的機會。

14 宣揚 (syuānyáng / xuānyáng)

V：to advocate; to propagate; to promote

他們組織了一個青年團到海外宣揚中華文化。

15 期待 (cídài / qídài)　V/N：to expect; to look forward to

(1) 他期待自己能探觸不同的領域，找尋新方向。
(2) 過度的期待會造成雙方的壓力。

16 脫離 (tuōlí)

V：to break away from; to divorce oneself from; to separate oneself from

有些人認為信教可以脫離煩惱。

17 擴張 (kuòzhāng)　V/N：to stretch; to extend; to expand

(1) 在歷史上，過度擴張領土的行為造成悲劇。
(2) 政治勢力的擴張，使他得到更多選民的支持。

18 後遺症 (hòuyíjhèng / hòuyízhèng)

N：The aftermath of a disease or accident; the after-effects of a disease or an accident; a side-effect; an after-effect

19 理念 (lǐniàn) N：rational concept; rationality

20 消滅 (siāomiè / xiāomiè)

V：to wipe out; to eliminate; to destroy; to eradicate

這種滅蟲劑可以消滅蚊蟲。

21 憧憬 (chōngjǐng)

N/V：(a) a yearning; a longing for something or someplace
(b) to long for; to yearn for something or someplace

(1) 她對明星生活有許多憧憬。
(2) 她憧憬著美麗的未來。

22 妥善 (tuǒshàn)

A/SV：to be proper; to be appropriate; to be fitting

(1) 自助旅行的人會妥善安排自己的行程。
(2) 他想不出妥善的辦法來保護易碎物品。

23 情操 (cíngcāo / qíngcāo) N：moral integrity; sentiment; sensibilities

24 尊嚴 (zūnyán) N：dignity; honor

25 堅忍 (jiānrěn)

SV/AT：to be determined; to be dedicated; to have fortitude; to be steadfast and persevering; determination; dedication; fortitude

他有堅忍的意志，永遠不會動搖。

26 意志 (yìjhìh / yìzhì) N：will; volition

第二十課　救濟與自立

27 途徑 (tújìng)　　N：a channel; a way; a path

28 倫理 (lúnlǐ)　　N：ethics; morality; moral principles

29 爭議 (jhēngyì / zhēngyì)　　N/V：a dispute; a debate

(1) 該怎麼救濟窮人才好，一直有爭議。
(2) 這個問題的答案已經很明確，不必再爭議了。

30 舒緩 (shūhuǎn)　　V：to relax; totake one's leisure

喝一杯熱茶，聽一段音樂，可以舒緩緊張的情緒。

31 策略 (cèlyuè / cèlüè)　　N：a strategy

每個學生都有適合他自己的學習策略。

32 課題 (kètí)

N：(a) a topic (or an assignment) for study or discussion
　　(b) a task or challenge to be dealt with

如何解決世界人口問題，是我們應該努力的課題。

成語與俗語　Proverbs and Common Sayings

1. 尚無定論 (shàng-wú-dìng-lùn)

to still remain an open (un-answered) question; to be unresolved; to be without a final conclusion

到底什麼食物會引起癌症，尚無定論。

2. 互助互惠 (hùjhù-hùhuèi / hùzhù-hùhuì)

to be mutually beneficial; to help each other

我們要組織一個團體，以團員互助互惠為目的。

3. 自給自足 (zìhjǐ-zìhzú / zìjǐ-zìzú)
   to be self-sufficient; to be self-supporting

   這個國家的糧食可以自給自足，但是石油必須進口。

4. 破壞無遺 (pòhuài-wúyí)
   to be damaged beyond repair; to be unrecoverably mined

   戰爭以後，這些古蹟被破壞無遺。

5. 有恃無恐 (yǒushìh-wúkǒng / yǒushì-wúkǒng)
   there is no fear when one has something to fall back upon; to be fearless because on has strong backing

   明天的考試他有恃無恐，因為他很早就開始預備了。

6. 以工代賑 (yǐgōngdàijhèn / yǐgōngdàizhèn)
   (literally: to use work to act as relief) public works projects which give the poor and unemployed an opportunity to earn a living; to relieve people in disaster areas by giving them employment instead of an outright grant

   有人認為「以工代賑」是救濟窮人最好的方法。

句型　　Sentence Patterns

1. ……，亦即……
   which means ......

   (1) 他是不識字的人，亦即文盲。
   (2) 生肖是一種圖騰獸，亦即年神。
   (3) 掌中戲，亦即木偶戲或布袋戲。

2. ……不再……，而是……
   ...... (contrary to what might be expected) is no longer ...... but is in fact ......;
   ...... (unlike what one might expect) does not ...... but in reality does ......

   (1) 通過律師考試後，他不再是一個商人而是一個律師。
   (2) 服刑以後他不再是騙子，而是一個努力工作的人。

(3) 這個學校不再只收本國人，而是不管什麼國家的學生都收。

3. ……，又怎能……？
   ......, how can ......?

   (1) 如果父母自己都不遵守法律，又怎能做孩子的榜樣？
   (2) 小小的一片木板，很容易破碎，又怎能拿來阻擋風雨？
   (3) 普通房子都買不起了，又怎能買別墅？

4. ……不僅……，更 SV 的是……
   ...... not only ...... in addition ......;
   ...... no just ...... moreover ......

   (1) 喝茶不僅能解渴，更好的是對身體健康有幫助。
   (2) 地球不僅人滿為患，更嚴重的是自然環境被破壞殆盡。
   (3) 有些人不僅出手闊綽，更大方的是小費給得很多。

易混淆的詞　　Easily Confused Words

1. **謙卑 (ciānbēi / qiānbēi)**
   SV/AT：to be humble; to be self-depreciating
   人類面對廣大的宇宙，要保持謙卑的態度。

   謙虛 (ciānsyū / qiānxū)
   SV/AT/N：to be modest; to be unassuming; to be self-effacing
   對人謙虛是客氣的表示。

2. **苛責 (kēzé)**
   V：to be harsh and demanding; to be severely critical
   孩子成績差父母不可苛責，否則他們可能會離家出走。

   責備 (zébèi)
   V/N：to reprimand; to upbraid; to reproach; to blame

員工不小心犯錯，老闆責備幾句就算了，不必開除他。

3. **宣揚** (syuānyáng / xuānyáng)

　　V：to advocate; to propagate; to promote

　　他到各地演講，宣揚傳統戲劇所保存的文化。

　表揚 (biǎoyáng)

　　V/AT：to cite for all to know; to publicly praise; to commend

　　政府每年都表揚全國好人好事的代表。

4. **遺棄** (yícì / yíqì)

　　V：to abandon; to forsake; to leave uncared for

　　被父母遺棄的孩子，社會上有好心的人願意撫養。

　拋棄 (pāocì / pāoqì)　V：to desert; to discard; to forsake

　週末我們該拋棄繁忙的工作，到郊外遊玩。

問題討論　Questions for Discussion

1. 對於貧民的救助政策目前採取哪一種方式？
2. 社會福利運動有什麼優、缺點？
3. 採取經濟救助路線解決貧窮問題為什麼不是一條正確的途徑？
4. 「以工代賑」是什麼意思？有什麼好處？
5. 你認為解決或舒緩貧窮的有效策略是什麼？

第二十課 救濟與自立

練習　Exercises

將生詞連成一句　Combine the Following Words with New Vocabulary to Make Sentences

1. 謙卑
   苛責
   口吻

2. 期待
   自助自救
   貧窮

3. 尊嚴
   破壞無遺
   情操

分辨下列各詞並造句　Differentiate the Following Words and Use Them in Sentences

1. 發達：
   發現：
   發生：

2. 普遍：
   普通：

3. 權利：
   權力：

4. 尊嚴：
   尊敬：
   嚴重：

5. 有效：
   效果：
   效率：

293

解釋　Define the Following Terms

1. 以工代賑：

2. 後遺症：

3. 有恃無恐：

4. 互助互惠：

5. 自給自足：

閱讀與探討　　Read and Discuss

窮人銀行家

　　諾貝爾和平獎得主尤努斯，曾經幫助過無數窮人。在想像中，他對乞丐或是抱著孩子乞討的婦人應該很大方，其實不然，他從來沒給過那些人一毛錢。他的理念是自助人助：給人一條魚，只能餵飽他一餐；但借他一根釣竿，讓他釣魚，卻能餵飽他一輩子。

　　六十六歲的尤努斯出生於孟加拉南部。在他三十四歲那年，孟加拉發生嚴重的饑荒，導致數十萬人死亡，也改變了他的一生。當時他剛從美國學成返國，下鄉協助救災，發現婦女普遍負債，於是自掏腰包，借錢給一些婦女買織布機。他勸銀行經理貸款給貧窮的婦女，卻被拒絕了，因為經理認為她們不會還錢。

　　兩年後，他創立了專門協助窮人的新型銀行。這家銀行貸放小錢給窮人，特別是女性，讓他們不需要擔保品就可以貸款創業。這些錢微不足道，通常是五十美元到一百美元，卻發揮了莫大的效用，幫助窮人逐漸脫離貧窮。讓尤努斯感到安慰的，是還款率高達百分之九十八點八五，證明當年那位銀行經理錯了。

　　尤努斯相信，窮人不是自己變窮的，而是社會造成的，因此貧窮不是結果，而是原因。他期待所有的窮人，帶著無

比的信心走出去,因為銀行永遠支持他們,永遠不會讓他們餓死。

問答:
1. 尤努斯對乞丐的態度如何?
2. 尤努斯為何要開「窮人銀行」?
3. 貴國政府如何幫助窮人?

生字索引

(通用拼音/漢語拼音)

A

Āijí	埃及	(埃及)	17-⑭
ān	諳	(谙)	17-10
ànbiān	岸邊	(岸边)	17-12
ángguèi/ángguì	昂貴	(昂贵)	11-24
Àolínpīkè	奧林匹克	(奥林匹克)	05-①
Àolínpīyǎ	奧林匹亞	(奥林匹亚)	05-③
àonǎo	懊惱	(懊恼)	04-19

B

Bābǐlún	巴比倫	(巴比伦)	17-⑮
bàinián	拜年	(拜年)	02-17
Báiyángzuò	白羊座	(白羊座)	17-⑱
bàn	拌	(拌)	12-10
bǎngyàng	榜樣	(榜样)	03-07
bàoàn	報案	(报案)	04-23
bǎohé	飽和	(饱和)	14-01
bǎolióu/bǎoliú	保留	(保留)	13-04
bǎoshǒu	保守	(保守)	15-02
bǎoyǎng	保養	(保养)	11-12
bǎojhèngshū/bǎozhèngshū	保證書	(保证书)	01-10
bēimíng	碑銘	(碑铭)	18-14
bēnténg	奔騰	(奔腾)	17-31
biǎné	匾額	(匾额)	18-15
biānsiě/biānxiě	編寫	(编写)	16-25
biǎnjhíh/biǎnzhí	貶值	(贬值)	09-28

bǐcǐh/bǐcǐ	彼此	（彼此）	09-24
biéshù	別墅	（别墅）	15-13
bìjìng	畢竟	（毕竟）	13-29
bìmiǎn	避免	（避免）	10-22
bǔbàn	補辦	（补办）	04-24
búduànde	不斷地	（不断地）	03-26
bùfáng	不妨	（不妨）	09-12
búsiòugāng/búxiùgāng	不銹鋼	（不锈钢）	16-18
búsyùnyú/búxùnyú	不遜於	（不逊于）	12-13

C

càipǔ	菜圃	（菜圃）	15-14
cǎicyǔ/cǎiqǔ	採取	（采取）	13-03
cānyù	參與	（参与）	06-15
Cǎoshū	草書	（草书）	18-⑪
cāosīn/cāoxīn	操心	（操心）	09-08
cèliáng	測量	（测量）	20-06
cèlyuè/cèlüè	策略	（策略）	20-31
cèshìh/cèshì	測試	（测试）	13-30
chābié	差別	（差别）	01-24
Chájīng	茶經	（茶经）	16-⑧
chálíng	茶齡	（茶龄）	16-20
chàngdǎo	倡導	（倡导）	12-27
chàngkuài	暢快	（畅快）	12-17
chàngpiànháng	唱片行	（唱片行）	01-20
chángwèi	腸胃	（肠胃）	11-11
chàngsiāo/chàngxiāo	暢銷	（畅销）	14-06
chàngyóu	暢遊	（畅游）	18-13
cháozhe	朝著	（朝着）	13-28
cháyì	茶藝	（茶艺）	16-02

INDEX I 生字索引

Chén	辰	(辰)	17-⑤
chéngbāng	城邦	(城邦)	05-08
chéngjiòu/chéngjiù	成就	(成就)	03-21
chéngjiòugǎn/chéngjiùgǎn	成就感	(成就感)	09-16
chéngshóu	成熟	(成熟)	08-16
chéngshòu	承受	(承受)	08-11
chéngyì	誠意	(诚意)	09-23
chíhsyù/chíxù	持續	(持续)	02-03
chǒngài	寵愛	(宠爱)	08-28
chōngjí	衝擊	(冲击)	14-04
chōngjǐng	憧憬	(憧憬)	20-21
chōngshíh/chōngshí	充實	(充实)	03-28
chóngsīn/chóngxīn	重新	(重新)	08-05
chōngzú	充足	(充足)	12-19
Chǒu	丑	(丑)	17-②
chòugōu	臭溝	(臭沟)	10-14
chóushìh/chóushì	仇視	(仇视)	05-12
chòuyǎngcéng	臭氧層	(臭氧层)	10-16
chū	齣	(出)	16-26
chuāngtòng	創痛	(创痛)	08-30
chuánshén	傳神	(传神)	16-28
chuánshuō	傳說	(传说)	02-07
chúcún	儲存	(储存)	13-21
chūnlián	春聯	(春联)	02-13
Chǔnyǔzuò/Chǔnǔzuò	處女座	(处女座)	17-㉓
chúsyù/chúxù	儲蓄	(储蓄)	09-29
cùchéng	促成	(促成)	09-14
cúnkuǎn	存款	(存款)	04-03
cúnzài	存在	(存在)	20-04
cùshǐh/cùshǐ	促使	(促使)	08-19

D

dàpái-chánglóng	大排長龍	（大排长龙）	04-26
dádào	達到	（达到）	05-27
dàdàolǐ	大道理	（大道理）	01-19
dàijìn	殆盡	（殆尽）	19-29
dǎjí	打擊	（打击）	08-25
dànbáijhíh/dànbáizhí	蛋白質	（蛋白质）	12-18
dànshēng	誕生	（诞生）	19-07
dānwèi	單位	（单位）	10-19
dānyōu	擔憂	（担忧）	15-27
dǎojhìh/dǎozhì	導致	（导致）	14-09
dǎsiāo-niàntóu/ dǎxiāo-niàntóu	打消念頭	（打消念头）	15-20
Dàjhuàn/Dàzhuàn	大篆	（大篆）	18-④
dēngmí	燈謎	（灯谜）	02-25
diǎnlǐ	典禮	（典礼）	05-09
diǎnsíng/diǎnxíng	典型	（典型）	15-09
diǎnyǎ	典雅	（典雅）	18-08
diàojhíh/diàozhí	調職	（调职）	15-28
dièrchūn	第二春	（第二春）	08-32
dǐkànglì	抵抗力	（抵抗力）	11-05
dīngníng	叮嚀	（叮咛）	04-29
Dìcióucūn/Dìqiúcūn	地球村	（地球村）	06-24
Dìcióu-Gāofōng-Huèiyì/ Dìqiú-Gāofēng-Huìyì	地球高峰會議	（地球高峰会议）	10-②
Dìcióurìh/Dìqiúrì	地球日	（地球日）	10-①
dìjhīh/dìzhī	地支	（地支）	17-07
dòujhìh/dòuzhì	鬥志	（斗志）	03-22
dùliánghéng	度量衡	（度量衡）	13-11

INDEX I 生字索引

duó	奪	(夺)	05-03
duōyuánhuà	多元化	(多元化)	13-24
dúzìh/dúzì	獨自	(独自)	04-18

E

èrdùjiòuyè/èrdùjiùyè	二度就業	(二度就业)	09-21
èrshǒuyān	二手菸	(二手烟)	07-02
èsìng/èxìng	惡性	(恶性)	11-13

F

fādá	發達	(发达)	19-23
fāhuēi/fāhuī	發揮	(发挥)	06-22
fángfǔjì	防腐劑	(防腐剂)	11-20
fǎngmàopǐn	仿冒品	(仿冒品)	01-17
fángjhǐh/fángzhǐ	防止	(防止)	07-29
fánmáng	繁忙	(繁忙)	06-02
fànwéi	範圍	(范围)	15-18
fāyáng	發揚	(发扬)	02-27
fèicìjhǒng/fèiqìzhǒng	肺氣腫	(肺气肿)	07-10
fèisyū/fèixū	廢墟	(废墟)	05-16
fēndān	分擔	(分担)	08-14
fóng/féng	逢	(逢)	17-28
fōngcháo/fēngcháo	風潮	(风潮)	14-03
fòngcìh/fèngcì	諷刺	(讽刺)	01-09
fōngsíng/fēngxíng	風行	(风行)	12-21
fòngyàng/fèngyàng	奉養	(奉养)	19-27
fēnsiǎng/fēnxiǎng	分享	(分享)	16-24
fùmiàn	負面	(负面)	03-12
fúshìh/fúshì	服飾	(服饰)	14-22

fúsíng/fúxíng	服刑	(服刑)	08-02
fǔyǎng	撫養	(抚养)	08-08
fùyǒu	富有	(富有)	18-07
fǔyù	撫育	(抚育)	19-28
fùjhài/fùzhài	負債	(负债)	15-21

G

gāi	該	(该)	20-08
gàijhāng/gàizhāng	蓋章	(盖章)	01-11
gàijhíh/gàizhí	鈣質	(钙质)	12-28
gānkū	乾枯	(干枯)	10-07
gāocháo	高潮	(高潮)	02-22
gēài	割愛	(割爱)	15-30
gòngsiàn/gòngxiàn	貢獻	(贡献)	05-18
gōngyì	公益	(公益)	06-21
guàishòu	怪獸	(怪兽)	02-12
guāngróng	光榮	(光荣)	05-05
guānciè/guānqiè	關切	(关切)	06-19
guànshū	灌輸	(灌输)	07-28
gùdìng	固定	(固定)	09-25
guēihuà/guīhuà	規畫	(规画)	15-25
gǔjī	古跡	(古迹)	04-02
gǔjí	古籍	(古籍)	18-18
guòchéng	過程	(过程)	11-06
guòdù	過度	(过度)	08-27
guójí	國籍	(国籍)	05-26
gūsí/gūxí	姑息	(姑息)	11-26
gùjhàng/gùzhàng	故障	(故障)	01-06
gùjhíh/gùzhí	固執	(固执)	17-22

H

Hādiànzú	哈電族	(哈电族)	13-③
Hài	亥	(亥)	17-⑫
hànbǎo	漢堡	(汉堡)	12-04
Hàncháo	漢朝	(汉朝)	18-⑦
hángliè	行列	(行列)	06-29
hányǒu	含有	(含有)	11-17
hàochēng	號稱	(号称)	13-17
háojhái/háozhái	豪宅	(豪宅)	15-06
héngliáng	衡量	(衡量)	12-24
hésié/héxié	和諧	(和谐)	05-21
héjhǔn/hézhǔn	核准	(核准)	20-09
hónglióu/hóngliú	洪流	(洪流)	19-22
hóngjhǒng/hóngzhǒng	紅腫	(红肿)	11-02
hòutiān	後天	(后天)	11-09
hòuyíjhèng/hòuyízhèng	後遺症	(后遗症)	20-18
huādēng	花燈	(花灯)	02-24
huáliōu/huáliū	滑溜	(滑溜)	16-19
huángkǒng	惶恐	(惶恐)	04-20
huāngshān	荒山	(荒山)	10-08
huànsuàn	換算	(换算)	13-12
huèicí/huìqí	會旗	(会旗)	05-23
huèiyì/huìyì	會意	(会意)	18-27
hùnluàn	混亂	(混乱)	06-07
hǔnzhuó	混濁	(混浊)	10-13
huòbì	貨幣	(货币)	13-10
huóshénsiān/huóshénxiān	活神仙	(活神仙)	07-07
huǒzāi	火災	(火灾)	07-09
hūshìh/hūshì	忽視	(忽视)	14-16

hūyù	呼籲	(呼吁)	07-24

J

Jiǎgǔwén	甲骨文	(甲骨文)	18-②
jiānbīng	尖兵	(尖兵)	10-01
jiǎnchēng	簡稱	(简称)	05-06
jiānduān	尖端	(尖端)	15-03
jiàngdī	降低	(降低)	19-11
jiānrěn	堅忍	(坚忍)	20-25
jiànshēnfáng	健身房	(健身房)	15-08
jiànshèsìng/jiànshèxìng	建設性	(建设性)	06-10
jiàocái	教材	(教材)	03-13
jiāojí	焦急	(焦急)	04-13
jiàojhèng/jiàozhèng	校正	(校正)	13-06
jiázá	夾雜	(夹杂)	12-03
jiē	饑餓	(饥饿)	06-26
jiè	屆	(届)	05-19
jiēchù	接觸	(接触)	18-17
jièdìng	界定	(界定)	20-05
jiēduàn	階段	(阶段)	03-01
jiégòu	結構	(结构)	14-05
jiéhé	結合	(结合)	16-29
jièkǒu	藉口	(借口)	07-08
jiéyù	節育	(节育)	19-19
jiéyuán	結緣	(结缘)	16-03
jīgòu	機構	(机构)	08-22
jíguàn	籍貫	(籍贯)	17-02
jíhé	集合	(集合)	05-07
jǐhé-jíshù	幾何級數	(几何级数)	19-12
jīhū	幾乎	(几乎)	14-30

INDEX I 生字索引

jīhuāng	饑荒	（饥荒）	19-18
jījí	積極	（积极）	02-10
jījǐng	機警	（机警）	17-20
jílì	吉利	（吉利）	02-21
jǐncòu	緊湊	（紧凑）	04-06
jīngdiǎn	經典	（经典）	18-19
Jīngdū-Yìdìngshū	京都議定書	（京都议定书）	10-③
jǐngguān	景觀	（景观）	10-28
jìngjì	競技	（竞技）	05-10
jīnglì	經歷	（经历）	18-11
Jīnnióuzuò/Jīnniúzuò	金牛座	（金牛座）	17-⑲
jīnpái	金牌	（金牌）	05-04
jìnpào	浸泡	（浸泡）	11-21
jǐnshèn	謹慎	（谨慎）	15-16
Jīnwún/Jīnwén	金文	（金文）	18-③
jìsìh/jìsì	祭祀	（祭祀）	02-04
jiòujì/jiùjì	救濟	（救济）	20-01
jiòujìng/jiùjìng	究竟	（究竟）	19-06
jísiáng/jíxiáng	吉祥	（吉祥）	17-30
jìyì	技藝	（技艺）	08-23
jìyì	記憶	（记忆）	16-30
jìzài	記載	（记载）	17-06
jyù/jù	拒	（拒）	07-01
jyūnhéng/jūnhéng	均衡	（均衡）	11-23
Jyùsièzuò/Jùxièzuò	巨蟹座	（巨蟹座）	17-㉑
jyùyǒu/jùyǒu	具有	（具有）	09-02
jyǔjhǐh/jǔzhǐ	舉止	（举止）	17-18

K

305

kèbǎn	刻板	（刻板）	08-03
kāichuàng	開創	（开创）	08-31
kāifājhōng/kāifāzhōng	開發中	（开发中）	19-14
kāihuǒ	開伙	（开伙）	15-07
Kǎishū	楷書	（楷书）	18-⑨
kāijhīh/kāizhī	開支	（开支）	09-27
kǎoyàn	考驗	（考验）	13-27
kē	顆	（颗）	19-02
kèfú	克服	（克服）	08-13
kěguān	可觀	（可观）	14-19
kètí	課題	（课题）	20-32
kèyì	刻意	（刻意）	10-03
kēzé	苛責	（苛责）	20-11
kǒugǎn	口感	（口感）	12-30
kǒuwǔn/kǒuwěn	口吻	（口吻）	20-12
kuàidì	快遞	（快递）	01-04
kuàiyìtōng	快譯通	（快译通）	13-①
kuángsiǎng/kuángxiǎng	狂想	（狂想）	15-31
kuèijiòu/kuìjiù	愧疚	（愧疚）	01-16
kuèilàn/kuìlàn	潰爛	（溃烂）	11-03
kùnhuò	困惑	（困惑）	18-25
kùnrǎo	困擾	（困扰）	03-18
kuòchuò	闊綽	（阔绰）	14-28
kuòjhāng/kuòzhāng	擴張	（扩张）	20-17

L

láiyuán	來源	（来源）	03-06
lànfá	濫伐	（滥伐）	10-06
láolèi	勞累	（劳累）	06-06
làyuè	臘月	（腊月）	02-01

INDEX I 生字索引

lěijī	累積	(累积)	09-18
lècyù/lèqù	樂趣	(乐趣)	07-05
liánsyù/liánxù	連續	(连续)	01-15
lìbì	利弊	(利弊)	12-25
lǐlùn	理論	(理论)	03-15
línggǎn	靈感	(灵感)	07-03
língkùcún	零庫存	(零库存)	14-08
língmǐn	靈敏	(灵敏)	13-13
língtīng	聆聽	(聆听)	04-09
lǐngyù	領域	(领域)	09-20
lǐniàn	理念	(理念)	20-19
lǐshù	禮數	(礼数)	16-16
Lìshū	隸書	(隶书)	18-⑧
Lǐtiānlù	李天祿	(李天禄)	16-①
lióulián/liúlián	流連	(流连)	14-25
lǐsìng/lǐxìng	理性	(理性)	15-19
lyǔchéng/lǚchéng	旅程	(旅程)	04-04
lùdì	陸地	(陆地)	17-13
lúnkuò	輪廓	(轮廓)	18-29
lúnlǐ	倫理	(伦理)	20-28
luòsyuǎn/luòxuǎn	落選	(落选)	17-15
lùtiān	露天	(露天)	04-07
lyǔtú/lǚtú	旅途	(旅途)	09-06
Lùyǔ	陸羽	(陆羽)	16-⑦

M

mángrán	茫然	(茫然)	18-20
Mǎo	卯	(卯)	17-④
màomì	茂密	(茂密)	10-05
màosiǎn/màoxiǎn	冒險	(冒险)	15-26

307

měiguān	美觀	(美观)	12-29
měimǎn	美滿	(美满)	09-15
měimiào	美妙	(美妙)	04-11
měinǎizīh/méinǎizī	美乃滋	(美乃滋)	12-09
miànlín	面臨	(面临)	08-09
míbǔ	彌補	(弥补)	08-29
míhuò	迷惑	(迷惑)	07-22
míliàn	迷戀	(迷恋)	16-09
mínsú-jìyì	民俗技藝	(民俗技艺)	16-05
míshīh/míshī	迷失	(迷失)	03-17
mò	墨	(墨)	18-03
mòdà	莫大	(莫大)	08-12
Mójiézuò	魔羯座	(魔羯座)	17-㉗
mómiè	磨滅	(磨灭)	18-09
móshìh/móshì	模式	(模式)	15-05
Mùǒu	木偶	(木偶)	16-27
mùcián/mùqián	目前	(目前)	18-30

N

Nánsīhlāfū/Nánsīlāfū	南斯拉夫	(南斯拉夫)	19-①
nèijiàn	內建	(内建)	13-20
niánshén	年神	(年神)	17-26
nǐdìng	擬定	(拟定)	15-17
nígǔdīng	尼古丁	(尼古丁)	07-16
nónghòu	濃厚	(浓厚)	15-10
nóngyān	濃煙	(浓烟)	10-11
nóngyào	農藥	(农药)	11-16

O

INDEX I 生字索引

| ǒu'ěr | 偶爾 | (偶尔) | 14-29 |

P

páifàng	排放	(排放)	10-24
páiliè	排列	(排列)	17-09
páng	旁	(旁)	18-22
pānshēng	攀升	(攀升)	19-13
pànwàng	盼望	(盼望)	05-29
péiyǎng	培養	(培养)	14-11
péizuèi/péizuì	賠罪	(赔罪)	01-22
péngjhàng/péngzhàng	膨脹	(膨胀)	19-16
piānshíh/piānshí	偏食	(偏食)	11-28
píláo	疲勞	(疲劳)	06-04
píngjyūn/píngjūn	平均	(平均)	16-21
pīnmìng	拼命	(拼命)	15-04
pǐnmíng	品茗	(品茗)	16-11
píncyóngsiàn/pínqióngxiàn	貧窮線	(贫穷线)	20-07
pìrú	譬如	(譬如)	18-24
pīsà	披薩	(披萨)	12-05
pò	迫	(迫)	07-15
pòsuèi/pòsuì	破碎	(破碎)	08-04
pósí/póxí	婆媳	(婆媳)	09-22

Q

ciānbēi/qiānbēi	謙卑	(谦卑)	20-10
siángdiào/qiángdiào	強調	(强调)	03-03
ciánlì/qiánlì	潛力	(潜力)	14-02
ciántí/qiántí	前提	(前提)	06-17
ciānsyùn/qiānxùn	謙遜	(谦逊)	16-17

cǐchū/qǐchū	起初	（起初）	01-14
cídài/qídài	期待	（期待）	20-15
cièzéi/qièzéi	竊賊	（窃贼）	04-16
cìfèn/qìfèn	氣憤	（气愤）	01-07
cìguǎnyán/qìguǎnyán	氣管炎	（气管炎）	07-11
cíngcāo/qíngcāo	情操	（情操）	20-23
cīngchè/qīngchè	清澈	（清澈）	10-04
cīngsǐng/qīngxǐng	清醒	（清醒）	10-02
cíngsyù/qíngxù	情緒	（情绪）	08-24
cīngyōu/qīngyōu	清幽	（清幽）	10-09
Cíngshǐhhuáng/Qínshǐhuáng	秦始皇	（秦始皇）	18-⑤
cyóng/qióng	窮	（穷）	01-02
ciǒu/qiǔ	糗	（糗）	01-13
cìyuē/qìyuē	契約	（契约）	18-21
cyuàndǎo/quàndǎo	勸導	（劝导）	06-14
Cyuánmínyīngjiǎn/ Quánmínyīngjiǎn	全民英檢	（全民英检）	13-07
cyuēdiǎn/quēdiǎn	缺點	（缺点）	13-26
cyuēfá/quēfá	缺乏	（缺乏）	15-24
cyuēshǎo/quēshǎo	缺少	（缺少）	06-09
cyuèshíh/quèshí	確實	（确实）	17-04
cyūshìh/qūshì	趨勢	（趋势）	06-01

R

rècháo	熱潮	（热潮）	13-14
réngé	人格	（人格）	03-25
rènhé	任何	（任何）	12-16
rénjì-guānsì/rénjì-guānxì	人際關係	（人际关系）	06-23
rěnnài	忍耐	（忍耐）	01-01
rěntòng	忍痛	（忍痛）	08-06

INDEX I　生字索引

rìhjiàn/rìjiàn	日漸	（日渐）	07-30
rìhcyū/rìqū	日趨	（日趋）	10-15
róngliàng	容量	（容量）	13-22

S

sàngǒu	喪偶	（丧偶）	08-10
sàiguò	賽過	（赛过）	07-06
sèsù	色素	（色素）	11-18
shālābā	沙拉吧	（色拉吧）	12-07
shānchú	刪除	（删除）	18-28
shāngcyuè/shāngquè	商榷	（商榷）	18-23
shǎnliàng	閃亮	（闪亮）	19-30
shànyǎngfèi	贍養費	（赡养费）	08-17
shànyú	善於	（善于）	17-19
shèfǎ	設法	（设法）	09-30
shèhuèi-jhǔyì/shèhuì-zhǔyì	社會主義	（社会主义）	20-03
shèjì	設計	（设计）	03-14
Shēn	申	（申）	17-⑨
shēnchū-yuánshǒu	伸出援手	（伸出援手）	06-28
shēngcún	生存	（生存）	19-04
shèngdì	勝地	（胜地）	04-05
shēngdòng	生動	（生动）	07-18
shēnghuóguān	生活觀	（生活观）	09-01
shēngciān/shēngqiān	升遷	（升迁）	15-29
shēngtài	生態	（生态）	06-13
shēngtiān	升天	（升天）	02-09
shēngsiào/shēngxiào	生肖	（生肖）	17-01
shèngsíng/shèngxíng	盛行	（盛行）	12-06
shénshèng	神聖	（神圣）	10-29
shēnzào	深造	（深造）	09-04

311

shècyǔ/shèqǔ	攝取	（摄取）	12-11
Shèshǒuzuò	射手座	（射手座）	17-㉖
shíhchā/shíchā	時差	（时差）	13-09
shīhhéng/shīhéng	失衡	（失衡）	19-26
shíhjī/shíjī	時機	（时机）	08-15
shíhjì/shíjì	實際	（实际）	03-16
shìhjì/shìjì	世紀	（世纪）	05-15
shìhjiàn/shìjiàn	事件	（事件）	03-11
shíhmáo/shímáo	時髦	（时髦）	16-12
shǐhmìng/shǐmìng	使命	（使命）	10-30
Shīhzǐhzuò/Shīzǐzuò	獅子座	（狮子座）	17-㉒
shòuhuèi/shòuhuì	受惠	（受惠）	06-18
shōulù	收錄	（收录）	13-18
shòumìng	壽命	（寿命）	19-24
shòunàn	受難	（受难）	06-32
shǒusuèi/shǒusuì	守歲	（守岁）	02-14
shòusiǎn/shòuxiǎn	壽險	（寿险）	15-23
shǒusiān/shǒuxiān	首先	（首先）	04-22
shǔ	屬	（属）	17-03
Shuāngyúzuò	雙魚座	（双鱼座）	17-⑰
Shuāngzǐhzuò/Shuāngzǐzuò	雙子座	（双子座）	17-⑳
shūcài	蔬菜	（蔬菜）	12-08
shūhuǎn	舒緩	（舒缓）	20-30
Shuěipíngzuò/Shuǐpíngzuò	水瓶座	（水瓶座）	17-⑯
shūkǎ	書卡	（书卡）	14-23
shùnsyù/shùnxù	順序	（顺序）	17-08
shūjhǎn/shūzhǎn	舒展	（舒展）	06-03
Sìh/Sì	巳	（巳）	17-⑥
sìhhū/sìhū	似乎	（似乎）	13-25
sǐhwánglyù/sǐwánglǜ	死亡率	（死亡率）	19-10

INDEX I　生字索引

sìhyǎng/sìyǎng	飼養	(饲养)	12-26
suèi/suì	碎	(碎)	01-08
suèiyuè/suìyuè	歲月	(岁月)	17-32
suǒcyǔ/suǒqǔ	索取	(索取)	01-25
sùshíh/sùshí	素食	(素食)	12-01
sùshíh-jhǔyì/sùshí-zhǔyì	素食主義	(素食主义)	12-22

T

tān	貪	(贪)	01-12
tànchù	探觸	(探触)	09-19
Tángcháo	唐朝	(唐朝)	16-⑥
tànghú	燙壺	(烫壶)	16-13
tāngyuán	湯圓	(汤圆)	02-26
tǎnrán	坦然	(坦然)	08-21
tàntǎo	探討	(探讨)	19-05
táotài	淘汰	(淘汰)	15-15
tāoyāobāo	掏腰包	(掏腰包)	14-20
tèjhíh/tèzhí	特質	(特质)	09-03
tiānjiāwù	添加物	(添加物)	11-15
Tiānpíngzuò	天秤座	(天秤座)	17-㉔
Tiānsiēzuò/Tiānxiēzuò	天蠍座	(天蝎座)	17-㉕
tiānzāi-rénhuò	天災人禍	(天灾人祸)	06-25
tiàocáo	跳槽	(跳槽)	09-17
tiáoshìh/tiáoshì	調適	(调适)	08-26
tiāotī	挑剔	(挑剔)	09-11
tiáowèiliào	調味料	(调味料)	11-19
tiēshēn	貼身	(贴身)	04-30
tígōng	提供	(提供)	13-23
tíshēng	提升	(提升)	03-29
tǐyàn	體驗	(体验)	06-30

313

tǐjhíh/tǐzhí	體質	(体质)	11-01
tízìh/tízì	題字	(题字)	18-16
tóngcì/tóngqì	銅器	(铜器)	18-02
tōngsíng/tōngxíng	通行	(通行)	18-10
tǒngyīfāpiào	統一發票	(统一发票)	01-26
tóngyìzìh/tóngyìzì	同義字	(同义字)	13-05
tóubǎo	投保	(投保)	15-22
tòuguò	透過	(透过)	10-20
tuánjié	團結	(团结)	05-22
tuánjyù/tuánjù	團聚	(团聚)	04-27
tuányuán	團圓	(团圆)	02-16
tuēicè/tuīcè	推測	(推测)	04-15
tuēiciāo/tuīqiāo	推敲	(推敲)	18-26
tuēisíng/tuīxíng	推行	(推行)	10-26
tújìng	途徑	(途径)	20-27
tuōlí	脫離	(脱离)	20-16
tuǒshàn	妥善	(妥善)	20-22
túténgshòu	圖騰獸	(图腾兽)	17-25

W

wàihuèi/wàihuì	外匯	(外汇)	19-17
wàikuài	外快	(外快)	14-14
wànfēn	萬分	(万分)	04-14
wàngjì	旺季	(旺季)	04-25
wànsí/wànxí	惋惜	(惋惜)	05-28
Wèi	未	(未)	17-⑧
wéiguēi/wéiguī	違規	(违规)	07-26
wéihù	維護	(维护)	06-12
wéijī	危機	(危机)	09-10
wèikāifā	未開發	(未开发)	19-15

INDEX I 生字索引

wēilì	威力	(威力)	10-17
wéishēngsù	維生素	(维生素)	12-12
wěisuō	萎縮	(萎缩)	14-10
wēisié/wēixié	威脅	(威胁)	13-16
wéiyī	唯一	(唯一)	03-05
wūnbēi/wēnbēi	溫杯	(温杯)	16-14
wěndìng	穩定	(稳定)	08-20
wùnshìh/wènshì	問世	(问世)	13-02
wūnshìh-cìtǐ/wēnshì-qìtǐ	溫室氣體	(温室气体)	10-23
wúnsiàn/wénxiàn	文獻	(文献)	17-05
Wǔ	午	(午)	17-⑦
wùdǎo	誤導	(误导)	13-15
wúdí	無敵	(无敌)	13-②
Wǔhuán	五環	(五环)	05-⑤
wúnmáng/wénmáng	文盲	(文盲)	18-12
wúshù	無數	(无数)	06-27
wǔyè	午夜	(午夜)	02-19
Wǔyíchá	武夷茶	(武夷茶)	16-⑤
wūjhuó/wūzhuó	汙濁	(污浊)	07-14

X

siácīh/xiácī	瑕疵	(瑕疵)	01-18
siāndān/xiāndān	仙丹	(仙丹)	11-29
siàng/xiàng	項	(项)	09-26
siāngchuán/xiāngchuán	相傳	(相传)	05-13
siāngduèide/xiāngduìde	相對地	(相对地)	14-12
siāngsūyā/xiāngsūyā	香酥鴨	(香酥鸭)	12-14
siāngtǔ/xiāngtǔ	鄉土	(乡土)	15-11
siàngwǎng/xiàngwǎng	嚮往	(向往)	04-01
siàngjhēng/xiàngzhēng	象徵	(象征)	05-20

315

siànjīnkǎ/xiànjīnkǎ	現金卡	（现金卡）	14-15
siǎnrán/xiǎnrán	顯然	（显然）	08-18
siànshēn/xiànshēn	獻身	（献身）	06-20
siǎnshìh/xiǎnshì	顯示	（显示）	13-08
siāntiān/xiāntiān	先天	（先天）	11-07
siàolyù/xiàolǜ	效率	（效率）	01-05
siāomǐ/xiāomǐ	消弭	（消弭）	05-11
siāomiè/xiāomiè	消滅	（消灭）	20-20
siāociǎn/xiāoqiǎn	消遣	（消遣）	06-05
Siǎojhuàn/Xiǎozhuàn	小篆	（小篆）	18-⑥
sīdài/xīdài	攜帶	（携带）	13-01
Sīlà/Xīlà	希臘	（希腊）	05-②
sīlióu/xīliú	溪流	（溪流）	10-12
Sìmèngrénshēng/ Xìmèngrénshēng	戲夢人生	（戏梦人生）	16-⑨
sīncháo/xīncháo	新潮	（新潮）	15-01
síngchéng/xíngchéng	形成	（形成）	03-08
sīnglóng/xīnglóng	興隆	（兴隆）	14-26
sìngcíng/xìngqíng	性情	（性情）	17-23
sīngcióu/xīngqiú	星球	（星球）	19-03
Síngshū/Xíngshū	行書	（行书）	18-⑩
síngwéi/xíngwéi	行為	（行为）	03-23
síngsiàng/xíngxiàng	形象	（形象）	17-16
sìngjhíh/xìngzhí	性質	（性质）	11-04
sìngjhìh/xìngzhì	興致	（兴致）	01-28
sīngzuò/xīngzuò	星座	（星座）	17-27
sīngsuān/xīnsuān	辛酸	（辛酸）	04-28
sīntài/xīntài	心態	（心态）	11-30
sìnyǎng/xìnyǎng	信仰	（信仰）	12-23
syōngè/xiōngè	兇惡	（凶恶）	02-11

INDEX I 生字索引

sīshēng/xīshēng	犧牲	（牺牲）	12-15
sīshōu/xīshōu	吸收	（吸收）	03-27
siōujhèng/xiūzhèng	修正	（修正）	09-13
sīyǐnlì/xīyǐnlì	吸引力	（吸引力）	07-19
Syū/Xū	戌	（戌）	17-⑪
syuánlyù/xuánlǜ	旋律	（旋律）	04-12
syuǎnshǒu/xuǎnshǒu	選手	（选手）	05-02
syuānyáng/xuānyáng	宣揚	（宣扬）	20-14
syuǎnzé/xuǎnzé	選擇	（选择）	03-20
syǔkě/xǔkě	許可	（许可）	15-12
syúnhuán/xúnhuán	循環	（循环）	11-14
syúnhuéi/xúnhuí	巡迴	（巡回）	16-08
syúnjhǎo/xúnzhǎo	尋找	（寻找）	04-17

Y

Yǎdiǎn	雅典	（雅典）	05-(4)
yǎshìh/yǎshì	雅事	（雅事）	16-10
yàn	硯	（砚）	18-04
yǎnbiàn	演變	（演变）	18-01
yáncháng	延長	（延长）	19-25
yǎngchéng	養成	（养成）	07-23
yǎngmù	仰慕	（仰慕）	16-22
yāngcióu/yāngqiú	央求	（央求）	17-11
yánjìn	嚴禁	（严禁）	07-25
Yáncíng-siǎoshuō/ yánqíng-xiǎoshuō	言情小說	（言情小说）	14-21
yānshāng	菸商	（烟商）	07-20
yǎnzòu	演奏	（演奏）	04-10
yāsuèicián/yāsuìqián	壓歲錢	（压岁钱）	02-18
yěsīn/yěxīn	野心	（野心）	15-32

317

yíchuán	遺傳	(遗传)	11-08
yīlài	依賴	(依赖)	03-19
Yín	寅	(寅)	17-③
yǐncáng	隱藏	(隐藏)	09-09
yíngdé	贏得	(赢得)	16-06
yīngér	嬰兒	(婴儿)	19-08
Yīngfǎ-Lǐngshìhguǎn/ Yīngfǎ-Lǐngshìguǎn	英法領事館	(英法领事馆)	04-①
yìngfù	應付	(应付)	03-30
Yīnggē	鶯歌	(莺歌)	16-④
yínghé	迎合	(迎合)	14-17
yíngjiē	迎接	(迎接)	02-15
yíngyǎng	營養	(营养)	11-22
yīnlì	陰曆	(阴历)	02-06
Yīnshāng	殷商	(殷商)	18-①
yìnshuātǐ	印刷體	(印刷体)	18-05
yīnsù	因素	(因素)	11-10
yīnyìng	因應	(因应)	14-18
yīnyuèzuò	音樂座	(音乐座)	04-08
yìngjhèng/yìnzhèng	印證	(印证)	17-17
yícì/yíqì	遺棄	(遗弃)	08-01
yíshìh/yíshì	儀式	(仪式)	02-05
yìshìh/yìshì	意識	(意识)	06-08
yìtāihuà	一胎化	(一胎化)	19-20
Yìwǎnrán	亦宛然	(亦宛然)	16-②
yíwèi	一味	(一味)	11-25
Yísīng/Yíxīng	宜興	(宜兴)	16-③
yìyàng	異樣	(异样)	08-07
yìyì	意義	(意义)	03-10
yíjhǐh/yízhǐ	遺址	(遗址)	05-17

INDEX I 生字索引

yìjhìh/yìzhì	意志	（意志）	20-26
yǒng	湧	（涌）	04-21
yǒngyǒu	擁有	（拥有）	09-07
yǒngyuǎn	永遠	（永远）	05-30
Yǒu	酉	（酉）	17-⑩
yōusián/yōuxián	悠閒	（悠闲）	17-21
yǒusiào/yǒuxiào	有效	（有效）	06-16
yuánbǎo	元寶	（元宝）	02-20
yuànbùdé	怨不得	（怨不得）	07-13
yuándàn	元旦	（元旦）	02-28
yuānwǎng	冤枉	（冤枉）	07-17
yuánsiāojié/yuánxiāojié	元宵節	（元宵节）	02-23
yuányě	原野	（原野）	10-10
yuánjhù/yuánzhù	援助	（援助）	06-31
yuè	躍	（跃）	17-14
yùgū	預估	（预估）	19-09
Yùhuángdàdì	玉皇大帝	（玉皇大帝）	17-⑬
yúlè	娛樂	（娱乐）	07-04
yǔjhòu/yǔzhòu	宇宙	（宇宙）	19-01

Z

zànjhù/zànzhù	贊助	（赞助）	07-21
Zàoshén	灶神	（灶神）	02-08
zéǒu	擇偶	（择偶）	09-05
jhǎngshēng/zhǎngshēng	掌聲	（掌声）	16-07
Jhǎngjhōngsì/Zhǎngzhōngxì	掌中戲	（掌中戏）	16-01
jhāopái/zhāopái	招牌	（招牌）	12-02
jhèngbǎn/zhèngbǎn	正版	（正版）	01-23
jhèngguēi/zhèngguī	正規	（正规）	03-02
jhèngkǎi/zhèngkǎi	正楷	（正楷）	18-06

319

jhèngmiàn/zhèngmiàn	正面	（正面）	03-09
jhēngcyǔ/zhēngqǔ	爭取	（争取）	20-13
jhēngyì/zhēngyì	爭議	（争议）	20-29
jhēngyuè/zhēngyuè	正月	（正月）	02-02
jhènjīng/zhènjīng	震驚	（震惊）	07-12
jhìhdìng/zhìdìng	制定	（制定）	10-21
jhǐhmíng/zhǐmíng	指名	（指名）	14-27
jhìhmìng/zhìmìng	致命	（致命）	12-20
jhíhnián/zhínián	值年	（值年）	17-29
jhìhjhǐh/zhìzhǐ	制止	（制止）	07-27
jhíhjhuó/zhízhuó	執著	（执着）	16-04
jhòngjiǎng/zhòngjiǎng	中獎	（中奖）	01-27
jhōngshēn/zhōngshēn	終身	（终身）	03-04
jhòngyì/zhòngyì	中意	（中意）	16-23
jhòngjhèn/zhòngzhèn	重鎮	（重镇）	10-27
jhǒngzú/zhǒngzú	種族	（种族）	05-25
jhōukān/zhōukān	週刊	（周刊）	14-07
jhuānguèi/zhuānguì	專櫃	（专柜）	14-24
jhuānjí/zhuānjí	專輯	（专辑）	01-21
jhuàncyǔ/zhuànqǔ	賺取	（赚取）	14-13
jhǔjiàn/zhújiàn	逐漸	（逐渐）	06-11
jhǔmù/zhǔmù	矚目	（瞩目）	05-01
jhuóshǒu/zhuóshǒu	著手	（着手）	10-25
jhùshuěi/zhùshuǐ	注水	（注水）	16-15
jhùjháicyū/zhùzháiqū	住宅區	（住宅区）	01-03
jhǔjhǐh/zhǔzhǐ	主旨	（主旨）	05-24
Zǐh/Zǐ	子	（子）	17-①
zìhkù/zìkù	字庫	（字库）	13-19
zìhlì/zìlì	自立	（自立）	20-02
zǐhwàisiàn/zǐwàixiàn	紫外線	（紫外线）	10-18

INDEX I 生字索引

zǐhsì/zǐxì	仔細	（仔细）	17-24
zòngróng	縱容	（纵容）	11-27
zǔdǎng	阻擋	（阻挡）	19-21
zūnyán	尊嚴	（尊严）	20-24
zūnzhòng	尊重	（尊重）	03-24
zǔjhīh/zǔzhī	組織	（组织）	05-14

成語與俗語索引

B

bǎikǒng-ciānchuāng/bǎikǒng-qiānchuāng	百孔千瘡	10-6
bēihuān-líhé	悲歡離合	16-6
bù-jīng-yí-shìh,bù-jhǎng-yí-jhìh/ 　bù-jīng-yí-shì,bù-zhǎng-yí-zhì	不經一事不長一智	4-1
búyì-érfēi	不翼而飛	4-3

C

cǎn-bù-rěn-dǔ	慘不忍睹	10-5
chuéisián-sānchǐh/chuíxián-sānchǐ	垂涎三尺	12-3
chūshǒu-kuòchuò	出手闊綽	14-4
cùnbù-nánsíng/cùnbù-nánxíng	寸步難行	4-6

D

dàjiāng-nánběi	大江南北	16-1
dàjiē-siǎosiàng/dàjiē-xiǎoxiàng	大街小巷	2-1
dàkuài-duǒyí	大快朵頤	12-7
dànsì-huòfú/dànxì-huòfú	旦夕禍福	15-6
dé-bù-cháng-shīh/dé-bù-cháng-shī	得不償失	1-4
dēnggāo-yìhū	登高一呼	10-7
désīn-yìngshǒu/déxīn-yìngshǒu	得心應手	3-4
diāoliáng-huàdòng	雕樑畫棟	16-2
dúyī-wúèr	獨一無二	10-4

E

ěrrú-mùrǎn	耳濡目染	10-11

323

F

fāngfāng-jhèngjhèng/fāngfāng-zhèngzhèng	方方正正	18-2

G

gèbēn-ciánchéng/gèbēn-qiánchéng	各奔前程	9-1
gèshìh-gèyàng/gèshì-gèyàng	各式各樣	12-2

H

huàdì-zìhsiàn/huàdì-zìxiàn	畫地自限	9-6
huángjīn-shíhduàn/huángjīn-shíduàn	黃金時段	9-3
huāyàng-bǎichū	花樣百出	12-4
huéiwèi-wúcyóng/huíwèi-wúqióng	回味無窮	16-4
huó-dào-lǎo-syué-dào-lǎo/ huó-dào-lǎo-xué-dào-lǎo	活到老學到老	3-1
huò-bǐ-sān-jiā-bù-chīhkuēi/ huò-bǐ-sān-jiā-bù-chīkuī	貨比三家不吃虧	1-2
hùjhù-hùhuèi/hùzhù-hùhuì	互助互惠	20-2

J

jiājiā-hùhù	家家戶戶	2-2
jiē'èr-liánsān	接二連三	2-3
jī-kě-luàn-jhēn/jī-kě-luàn-zhēn	幾可亂真	12-5
jīnjīn-lèdào	津津樂道	17-2
jìjhīhércǐ/jìzhīérqǐ	繼之而起	18-1

K

kǒufùjhīhyù/kǒufùzhīyù	口腹之慾	12-10

INDEX II 成語與俗語索引

L

liǎngjiá-shēngjīn	兩頰生津	16-5
liàngrù-wéichū	量入為出	9-7
lìngrén-pěngfù	令人捧腹	17-3
lóngfēi-fòngwǔ/lóngfēi-fèngwǔ	龍飛鳳舞	18-4

M

mángcìh-zàibèi/mángcì-zàibèi	芒刺在背	15-2
ménsīn-zìhwùn/ménxīn-zìwèn	捫心自問	10-8
mócyuán-cājhǎng/móquán-cāzhǎng	摩拳擦掌	5-1

N

| nán-pà-rù-cuò-háng | 男怕入錯行 | 9-4 |

P

piāohū-bú-dìng	飄忽不定	15-4
píngān-wúshìh/píngān-wúshì	平安無事	11-1
pòhuài-wúyí	破壞無遺	20-4

Q

cīngcài-dòufǔ-bǎo-píng'ān/ qīngcài-dòufǔ-bǎo-píng'ān	青菜豆腐保平安	12-8
cīngcīng-dàndàn/qīngqīng-dàndàn	清清淡淡	12-9
cīngtiān-pīlì/qīngtiān-pīlì	青天霹靂	4-4

R

| rénmǎn-wéihuàn | 人滿為患 | 19-1 |
| réncíng-shìhshìh/rénqíng-shìshì | 人情世事 | 16-7 |

325

rùkǒu-jíhuà/rùkǒu-jíhuà	入口即化	16-3
rúzuèi-rúchīh/rúzuì-rúchī	如醉如癡	4-2

S

sè-siāng-wèi-jyù-cyuán/ sè-xiāng-wèi-jù-quán	色香味俱全	12-6
shàng-wú-dìnglùn	尚無定論	20-1
shàng-yí-cìh-dàng,syué-yí-cìh-guāi/ shàng-yí-cì-dàng,xué-yí-cì-guāi	上一次當學一次乖	1-3
shàonián-lǎochéng	少年老成	15-1
shēngyì-sīnglóng/shēngyì-xīnglóng	生意興隆	14-3
shìhjiè-dàtóng, tiānsià-yìjiā/ shìjiè-dàtóng, tiānxià-yìjiā	世界大同， 　　天下一家	5-2
sǐhcì-chénchén/sǐqì-chénchén	死氣沉沉	10-2
suèisuèi-píng'ān/suìsuì-píng'ān	歲歲（碎碎）平安	2-4
suéiyùérān/suíyùérān	隨遇而安	15-3

T

tǎojià-huánjià	討價還價	14-5
tīng-jyūn-yì-sí-huà,shèng-dú-shíh-nián-shū/ tīng-jūn-yì-xí-huà,shèng-dú-shí-nián-shū	聽君一席話， 　　勝讀十年書	11-3
tíshén-sǐngnǎo/tíshén-xǐngnǎo	提神醒腦	7-1
tuēichén-chūsīn/tuīchén-chūxīn	推陳出新	13-1
túláo-wúgōng	徒勞無功	4-5

W

wéichíh-siànjhuàng/wéichí-xiànzhuàng	維持現狀	15-7
wēifōng-lǐnlǐn/wēifēng-lǐnlǐn	威風凜凜	17-4
wúcyóng-wújìn/wúqióng-wújìn	無窮無盡	19-2
wūyān-jhàngcì/wūyān-zhàngqì	烏煙瘴氣	10-3

INDEX II 成語與俗語索引

X

siāochóu-jiěmèn/xiāochóu-jiěmèn	消愁解悶	7-2
siǎochù-jhuóshǒu/xiǎochù-zhuóshǒu	小處著手	10-9
síngsíng-sèsè/xíngxíng-sèsè	形形色色	3-3
síngyún-lióushuěi/xíngyún-liúshuǐ	行雲流水	18-5
sīsī-rǎngrǎng/xīxī-rǎngrǎng	熙熙攘攘	12-1
syǔsyǔ-rúshēng/xǔxǔ-rúshēng	栩栩如生	16-8

Y

yàobǔ-bùrú-shíhbǔ/yàobǔ-bùrú-shíbǔ	藥補不如食補	11-2
yǐbèibùshíhjhīhsyū/yǐbèibùshízhīxū	以備不時之需	9-8
yì-bǐ-bù-gǒu	一筆不苟	18-3
yǐgōngdàijhèn/yǐgōngdàizhèn	以工代賑	20-6
yīnsiǎo-shīhdà/yīnxiǎo-shīdà	因小失大	1-1
yǐshēnzuòzé	以身作則	10-10
yìsí-jhīhdì/yìxí-zhīdì	一席之地	17-1
yìyán-yìsíng/yìyán-yìxíng	一言一行	3-2
yōuhuàn-yìshìh/yōuhuàn-yìshì	憂患意識	15-5
yǒucián-yǒusián/yǒuqián-yǒuxián	有錢有閒	14-1
yǒushìh-wúkǒng/yǒushì-wúkǒng	有恃無恐	20-5
yǔhòu-chūnsǔn	雨後春筍	14-2

Z

jhāngdēng-jiécǎi/zhāngdēng-jiécǎi	張燈結綵	2-5
jhīhzú-chánglè/zhīzú-chánglè	知足常樂	9-5
jhōngshēn-dàshìh/zhōngshēn-dàshì	終身大事	9-2
zìhjǐ-kuàilè,biérén-shòuhuèi/ zìjǐ-kuàilè,biérén-shòuhuì	自己快樂， 別人受惠	6-1

327

zìhjǐ-zìhzú/zìjǐ-zìzú	自給自足	20-3
zìhránérrán/zìránérrán	自然而然	10-12
zìhwǒ-ānwèi/zìwǒ-ānwèi	自我安慰	7-3
zuèikuéi-huòshǒu/zuìkuí-huòshǒu	罪魁禍首	10-1

句型索引

B

把……定為	02-04
把……掛在口上	07-01
把……連同……	04-01
飽受……之苦	09-04
被迫	07-03
被……視為……	18-01
……必須……，才能……	19-04
並不只是……也是……	17-04
……不必太……，就……	14-03
不光是……，其他……	01-04
不僅……更 SV 的是……	20-04
不僅……也	13-04
不論……（都）有同等	07-02
不論……也好，……也好，……都……	10-04
……不用……，只要……就……了	01-02
……不再……，而是……	20-02

C

除此以外，尚有……	18-04
除了……還得……	16-02
除了……最重要的是……	17-01
從……就……，但過於……	15-04

D

大談……之道	16-05
……帶給……	15-01

……對……來說，不是……而是……	16-04
頓時	04-02
……多於……	03-02

F

凡是……都	02-03

G

……高居……之冠……	19-02
跟……相當	02-01
……固然……可是……	12-05

H

何況	01-05

J

……既可……也可藉此……並能	06-03
加入……的行列	06-04
藉由……開始……	09-01
介於……之間	11-02
藉……製造	05-04
經過一番……終於……	05-03
就……而言	19-03
……就算了，何必還……	01-03

M

……沒有……，有的只是……	16-03

N

……能否……仍需……　　　　　　　　　　　　　　　　13-02

Q

其實……，只有……才……　　　　　　　　　　　　11-05
……確實……而且也是　　　　　　　　　　　　　　17-02

R

如果……那真是　　　　　　　　　　　　　　　　　04-04
如果……又……就不會　　　　　　　　　　　　　　09-03
……如何……才能……　　　　　　　　　　　　　　03-04
若有……也會……　　　　　　　　　　　　　　　　15-03
若有……應該……　　　　　　　　　　　　　　　　07-04

S

是否　　　　　　　　　　　　　　　　　　　　　　06-01
首先……再……然後　　　　　　　　　　　　　　　04-03
……雖不及……，然而卻是……　　　　　　　　　　15-02
雖然……而……　　　　　　　　　　　　　　　　　03-05
隨著……而……　　　　　　　　　　　　　　　　　11-03
隨著……，…也相對地……　　　　　　　　　　　　14-02
所謂……是指……　　　　　　　　　　　　　　　　08-01

V

V 遍　　　　　　　　　　　　　　　　　　　　　　16-01

W

往往　　　　　　　　　　　　　　　　　　　　　　03-03
為了……，不但……，甚至……　　　　　　　　　　14-04
為了……著想　　　　　　　　　　　　　　　　　　12-04

無不	05-01

X

……小小……竟……	19-01
信不信由你	17-03

Y

要……才能	07-05
要是……最好先……	08-04
……也不例外	13-03
一旦	18-02
……，亦即……	20-01
……以……居多	12-03
……以……來……	05-02
……以為……其實……	03-01
以……為主	14-01
……因……變成 (N)	10-02
……因……變得 (SV)	10-01
（有的）……依然……； （有的）……反而……	11-01
由於……過於……，對……有……	13-01
由於……使得……	11-04
……，又怎能……	20-03
有助於	09-02

Z

在……的前提下	06-02
則	08-03
怎不令人 (SV)？	10-03

這樣一來	18-03
只不過……而已	01-01
只要……仍能……	08-02
至於	02-02
……之餘	12-02
最……的……可能算是……了	12-01

國家圖書館出版品預行編目資料

新版實用視聽華語 / 國立臺灣師範大學主編. – 二版. – 臺北縣新店市：
正中, 2008. 2
　　冊；19×26公分 含索引
　　ISBN 978-957-09-1788-8（第1冊：平裝）
　　ISBN 978-957-09-1789-5（第1冊：平裝附光碟片）
　　ISBN 978-957-09-1790-1（第2冊：平裝）
　　ISBN 978-957-09-1791-8（第2冊：平裝附光碟片）
　　ISBN 978-957-09-1792-5（第3冊：平裝）
　　ISBN 978-957-09-1793-2（第3冊：平裝附光碟片）
　　ISBN 978-957-09-1794-9（第4冊：平裝）
　　ISBN 978-957-09-1795-6（第4冊：平裝附光碟片）
　　ISBN 978-957-09-1796-3（第5冊：平裝）
　　ISBN 978-957-09-1797-0（第5冊：平裝附光碟片）

　　1. 漢語 2. 讀本
802.86　　　　　　　　　　　　　　　　　　　　　　　　96021892

新版《實用視聽華語》（五）

主　編　者◎國立臺灣師範大學
編輯委員◎張仲敏・陳瑩漣・韓英華・錢進明
召　集　人◎葉德明
著作財產權人◎教育部
地　　　址◎(100)臺北市中正區中山南路5號
電　　　話◎(02)7736-7990
傳　　　真◎(02)3343-7994
網　　　址◎http://www.edu.tw

發　行　人◎蔡繼興
出版發行◎正中書局股份有限公司
地　　　址◎新北市(231)新店區復興路43號4樓
郵政劃撥◎0009914-5
網　　　址◎http://www.ccbc.com.tw
　　　　　E-mail：service@ccbc.com.tw
門　　市　部◎新北市(231)新店區復興路43號4樓
電　　　話◎(02)8667-6565
傳　　　真◎(02)2218-5172

香港分公司◎集成圖書有限公司－香港皇后大道中283號聯威
　　　　　商業中心8字樓C室
　　　　　TEL：(852)23886172-3・FAX：(852)23886174
美國辦事處◎中華書局－135-29 Roosevelt Ave. Flushing, NY
　　　　　11354 U.S.A.
　　　　　TEL：(718)3533580・FAX：(718)3533489
日本總經銷◎光儒堂－東京都千代田區神田神保町一丁目
　　　　　五六番地
　　　　　TEL：(03)32914344・FAX：(03)32914345

政府出版品展售處
教育部員工消費合作社
地　　　址◎(100)臺北市中正區中山南路5號
電　　　話◎(02)23566054
五南文化廣場
地　　　址◎(400)臺中市中山路6號
電　　　話◎(04)22260330#20、21

國立教育資料館
地　　　址◎(106)臺北市大安區和平東路一段181號
電　　　話◎(02)23519090#125

行政院新聞局局版臺業字第0199號(10579)
出版日期◎西元2008年2月二版一刷
　　　　　西元2012年8月二版五刷
ISBN 978-957-09-1797-0
定價／**780**元（內含MP3）
著作人：張仲敏・陳瑩漣・韓英華・錢進明
◎本書保留所有權利
　如欲利用本書全部或部分內容者，須徵求著作財產權人同意或書面授權，請逕洽教育部。

分類號碼◎802.00.075

GPN 1009700091

著作財產權人：教育部

版權所有・翻印必究　**Printed in Taiwan**

CHENG CHUNG
BOOK CO., LTD.

CHENG CHUNG
BOOK CO., LTD.

CHENG CHUNG
BOOK CO., LTD.

CHENG CHUNG BOOK CO., LTD.